日本史話——近代篇

汪公紀・著

序

外子因患中風，右半身癱瘓，以致輟寫《日本史話》三年餘。他憑著信心和無比的毅力，做復健、試針灸、試點穴、做按摩。進步是比蝸牛爬行還要慢，但漸漸地他又能執筆寫字了。因起初他的右手是麻木僵硬，書寫緩慢困難，後來又加上疼痛，寫一兩行就必須停筆休息。因此這第四冊《日本史話》，可以說是作者在痛苦中完成，也可以算是他與病魔纏鬥的戰果。

本書自德川幕府的衰敗，敘述到第二次世界大戰後日本向盟軍投降爲止。在這二百餘年間，日本的蛻變極大，由一個極端保守、封建分散、類似部落的國家，一變而爲舉世側目的現代列強之一。她經過恐懼、猶疑、反抗、屈從、模仿、學習等階段，從一個被人欺凌的小邦，一躍而成爲欺負人的惡霸，其中經過情形十分複雜，除了正史之外，應該還有很多鮮爲人知的逸事，不能不筆之成書。外子遊學日本，父、祖並爲駐日使臣，與日本自有很多淵源及認識，由他娓娓寫來，十分生動，因爲不是正史，故名之曰史話，但所敘諸事，全屬眞實，無一虛構。日本的眞面目躍然紙上。日本今後何去何從，需要日本國民深長思量了。

我國與日本關係太深，以往日本學我們，現在我們要學日本了，本書能有助於了解日本，應該是作者馨香祝禱的。

任永溫

目次

1◎

幕府開始腐化

伊達藩的家變

四代將軍德川家綱以四十歲的英年逝世。他從小羸弱多病，加以酒色過度，連子嗣都沒有，便一命嗚呼了。

在他三十年間的任內，除了江戶城發生了幾場大火，將整個外貌都改變了之外，可以算是太平。在號稱下馬將軍酒井忠清的輔佐之下，唯唯諾諾地過了一生。

唯獨有一件案子，在當時社會上引起了震動，是「仙台」藩伊達家的家變。這是一場奪權糾紛，造成白晝行凶的慘劇。自此以後日本的凶案風氣便層出不窮。

伊達政宗在豐臣秀吉征伐北條時，歸順了秀吉，很受秀吉信任。秀吉死後，家康對他依然信重，因他屢建戰功，封爲仙台的藩主。政宗以古稀高齡逝世，他的嗣子忠宗也能守成，《東藩史》稱讚他道：

遵守遺業，敬重大臣，撫育士庶，闢草萊，獎耕織，國富民饒，四封乂安。

是北日本擁有六十二萬石土地最大雄藩的名君。他死後由他十九歲的兒子綱宗繼位。綱宗雖非嫡出，但生母也是貴冑。他一表人才，也頗有文采，不過由於從小嬌生慣養，十分任性，又染上了酒癖，常常貪杯誤事。而那時幕府對各藩的法度極爲嚴酷，稍有舛錯，便遭責罰。這時仙台藩奉命修築小石川壕溝的工事。在當年已經算是極爲重要的工程，連將軍本人都要親臨現場視察。而綱宗卻少不更事，全不放在心上。由於他興致好，每晚督工完畢，便去妓院中豪遊，往往喝得爛醉如泥，徹夜不歸。他的部屬苦諫不聽，群相計議，深怕幕府萬一對他這種不經意的態度，怪罪下來，則全藩都將蒙受膺懲。於是不得已聯名將綱宗不負責的態度，據實呈報，請求幕府命他隱退。幕府准如所請，就將他軟禁起來，處以「逼塞」的處分。逼塞是一種最輕的責罰，白天不許出門，「酉」刻後才能自由。從此他成爲罪人，不能再管政事，他本來就精於書畫，在藝術方面，發揮了他的天分，成爲一代宗師。

拔出匕首將原告一刀刺死

綱宗被處分之後，家督的地位由他兩歲的兒子龜千代承繼。家族會議中推舉了兩位宗室，在龜千代成年前，先行代攝藩政。一位是綱吉的胞叔，精明強幹的宗勝，另一位是庶出的長兄宗良。宗良爲人忠厚溫存，謙恭有禮，對於長一輩的宗勝十分尊重，事事任由宗勝作主，因此仙台的藩政便落在宗勝身上，宗勝也就居之不疑。爲了專一事權，宗勝便毫不客氣的，將以前的諸老臣都免了職，另外引用了一批新人。他這一革命性的舉措，當然興起了很大的不滿，在宗親之內，發生了摩擦暗鬥。宗親之中身分最高、年齡最長、有膽識、有人望的伊達宗重，經過幾年的隱忍與觀察之後，實在看不過去，便親自到江戶，向幕府當局告發，將歷年來宗勝所作所爲申訴出來，他這種擅斷跨越性的行爲，是否可以容忍，希望討個公道。幕府方面又經過長期的審訊之後，也認爲宗勝有篡奪之嫌，於是下令兩造對質，就在下馬將軍酒井忠清的府中舉行。宗勝帶了他的心腹屬員一同前往，宗勝的聲勢雖然很盛，但在情理法方面都很欠缺，在詞窮之餘，便老羞成怒。他的屬員之一的原田甲斐，居然一躍而起，拔出匕首，一刀將原告宗重當場刺死。這一奪權的悲劇落了幕，定了宗勝以及他的一黨的罪，並且由幕府判定了由龜千代親理藩政，這時他已經十三歲，正式改名爲伊達綱村。以後成爲仙台藩第四代英明的藩主。

迎接了德川綱吉爲第五代將軍

伊達家變後十二年，又發生了一件更大的凶殺案。

四代將軍家綱逝世後，由於沒有子嗣，幕府的群僚計議，應該推戴誰來承繼時，起了爭執。下馬將軍酒井忠清位爲「大老」，地位最高，主張參照前朝故事，邀請一位皇子來充當將軍，實權仍握在幕府手中。酒井似乎有了私心，他想抄襲北條時代的老文章，請來一位傀儡之後，他仍然可以大權獨攬，和家綱在世時一樣。但是他的意見遭到了反對，指摘他最嚴厲的人，是官居「老中」的堀田正俊。堀田毫不客氣地點穿了他有當「執權」的夢想，使得他一時無地自容，十分難堪。而這位堀田「老中」，來頭也不小，他是有名的婆娘春日局的後人。他的父親正盛從小追隨三代將軍家光，家光死後，他便自殺殉死。正俊是正盛的第三子，比家綱大六七歲，由於自幼養在祖母春日局身邊的關係，很早就是家綱的親密夥伴。同時他三代都是伺候將軍貼身的忠僕，而那時又是「愚忠」最吃香的時代，因此他發言便非常有分量。他認爲家綱雖然無後，但有弟，爲什麼不可以由弟來承繼？他這一意見獲得了大眾的共鳴，下馬將軍又心虛不敢力爭，於是決定迎接家綱之弟「館林侯」德川綱吉爲第五代將軍。

成爲食古不化的書獃子

綱吉是家光側室之子，他的娘是京都一家百貨商的女兒小名阿玉，十三歲時就被春日局看中，將她收養了過來，由春日局親手教導，成爲家光的寵姬，二十歲時生了綱吉。家光已經四十三歲，對這白白胖胖的小兒子十分疼愛。他吩咐阿玉道：「俺小的時候是受的武人教育，可是當了將軍之後，需要的是文墨，在處理政務時，總是自慚學識不夠，深悔當時沒有好好地讀點書，這孩子好像資質不壞，你一定要認眞教育他，多念些書，不要使他大了之後懊悔。」家光這番語重心長的話，深深印在阿玉的心底，使她時時刻刻都無法忘記。「學問第一！」「學問第一！」成爲阿玉教育她兒子的口頭禪。綱吉就在這催眠曲似的口頭禪中長大，書是念了，卻成爲一個食古不化的書獃子。

阿玉二十五歲時，就守了寡。她削髮爲尼，號稱桂昌院。母子二人雖然生活無虞，奴僕如雲，但別無親人，也夠孤單淒涼，因此相依爲命。綱吉在慈母撫愛下，孺慕極深，是個孝子，對母命無有不從，於是桂昌院便影響了綱吉的一切作爲。

除了綱吉之外，家光還有一個庶出的兒子，比綱吉大兩歲，是在「甲府」的綱重。早幾年綱重有了急用，因一時籌措不出錢財，向幕府通融借貸，不料被下馬將軍忠清一口回絕。綱重碰了大釘子，顏面上掛不住，竟憤然地尋了短見。因此這時有資格的將軍繼承人，衹有綱吉。於是幕府群僚便由堀田正俊爲首，迎接了綱吉爲第五代征夷大將軍。

一朝天子一朝臣，堀田正俊由於擁立有功，很自然地代替了酒井忠清當了「大老」。新朝的兩位新人，將軍綱吉，大老堀田，都在盛年，綱吉三十四歲，堀田四十六歲，都興致勃勃，很想一顯身手。綱吉雖然有處理藩政的經驗，但究竟區區一藩之政，局面又小又簡單，比起日本的全國庶政，千頭萬緒，相差不可以道里計，免不了有不知從何下手之感。而堀田在幕府工作，已將近有三十年之久，不論大小事，他都經歷過，因此綱吉不能不多事倚賴。

一刀便將堀田刺死

堀田接事之後，樣樣熟手。前任酒井忠清所遺留下來的積習秕政，他都清楚，現在他身爲「大老」，大權在握，回想他累代受將軍家知遇，唯有粉身碎骨以圖報了。他便以將軍之命，首先剷除貪污，肅清官常，然後召開各藩管理財務的官員，實行減租稅，以紓解民困。在四年之間，他以快刀斬亂麻的手法，革除了無數的惡習，使得社會間面目一新。旌表孝行，嚴禁釀酒，閭里之間，安寧協和，老百姓享受了短暫的盛世。

一天，在幕府，位爲「老中」的高官稻葉正休，當著將軍面和堀田論事時，一言不合，便突然拔出利刃來，一刀便將堀田刺死，殿內登時大亂，稻葉也被衛士們所殺。奇怪的是，稻葉和堀田是親戚，平時過從甚密。在稻葉行凶之前，還曾經拜訪過堀田，兩人歡談很久，並且喝了酒。凶案發生後，在稻葉身上搜出一封遺書，寫道：「身受將軍重恩，無以爲報，將拚死以除君側！」這封遺書掀起了很大的疑竇，是不是將軍授意密令他去殺堀田的？正史上說，是堀田命令稻葉去疏濬「攝津」川的河流，許他工程費四萬兩，但突然變了卦，他將這一工程以二萬兩的代價，交給了另外一個人去做，因此稻葉憤而行凶。但是種種跡象看來，並不如此簡單。

承包疏濬河流的工程，似乎不該由官吏經辦，堀田何以會將這樣的大工程，委託同在幕府裡任官的親友負責，已是可疑。而允許稻葉四萬兩的工程費，是誰說出來的，又更可疑。而最可疑的是，爲什麼稻葉要採取當著將軍面來殺堀田？倘若祇是對堀田個人懷恨，明殺暗殺的方法很多，何必一定要拚了性命親自行凶不可？他身上的遺書顯示出，他明知行凶後自己也一定會死。同時也等於公告世人，他的行凶是爲了將軍，而不是自己有什麼恩怨。如果是爲了將軍，難道是將軍主使的？至今這一疑團始終未解。

綱吉是個讀書不化腐儒型的人物。滿頭腦的忠孝仁義，不可能唆使部屬去殺一位擁立自己的人。因此最可能是愚忠在作祟。綱吉經過四年餘的學習，對幕府的大小政務都已摸得清楚，本來倚畀的人，現在嫌他多嘴，嫌他阻礙施展，嫌他壓迫自己，免不了在屬員面前露出口風，對堀田不滿，認爲他跋扈，卻又不能撤換他，頗爲左右爲難。在愚忠正當令的時代，凡是能揣摩主子的意向，迎合主子的需要，便算是忠臣，而況替英明儒雅的將軍解決難題，爲他犧牲，可能名傳千古。就在這一心理狀態下，稻葉犧牲了自己的性命，以成就一代名君的偉業。但稻葉估計錯了。他沒有料到大刀闊斧、有聲有色、幹勁十足的，實際上不是將軍，而正是他誤認爲奸臣的堀田。

姑且不論這一推斷是否正確，堀田之死，當將軍的綱吉總脫不了關係，而堀田死後，將軍所表現的態度極爲奇怪。他不但沒有哀悼之意，惋惜之辭，反而將堀田的幾位後人都一個個降貶左遷了。

將軍肖犬，不可殺狗

綱吉的娘桂昌院，是位極迷信的女人。很早以前她懷孕的時候，便請了一位和尙名叫「亮賢」的替她禱告，祈求安產。綱吉周歲的時候，亮賢來看了相，就斷定這孩子將來必爲將軍，他的預言說中了之後，桂昌院特地爲他建造了一個大寺，取名護國寺，請他任住持，事無大小都請教他來決定。

綱吉生了一個兒子，取名德松，十分活潑可愛，是綱吉與妾室之間所生。不料養到兩歲，活跳跳的小德松竟突然夭亡。這一打擊宛如青天霹靂。桂昌院連忙請了亮賢來，叩問緣故，和尙言道：「前世好殺的人，今生便無子嗣，因此如想有後的話，應該及早戒殺。將軍的生年丙戌肖犬，尤其不可任意殺狗，如果能戒殺，比誦經千萬遍還有功德。」桂昌院抱孫心切，聽到和尙此言，如奉綸音，馬上命令兒子下令遵辦，以後一干人等都不准殺生，尤其不能殺狗。純孝的綱吉奉母命不敢違，於是親自撰擬了一道「生靈憐憫令」，通令全國遵行。那時堀田尚未被刺，他聽到將軍要發布類似無理取鬧的幼稚命令時，急急忙忙趕來阻止。他聲色俱厲地進諫，使得綱吉不能不接納，但可能也就是因此而遇害。

綱吉確是很孝，除了眞能做到晨昏定省，仰承慈母的歡顏之外，對他娘唯命是聽，不敢有絲毫保留。「戒殺」本來就是他娘的意思，此時堀田已死，鐵束似的羈絆斷了，他趕不及地公告了他的「生靈憐憫令」。他的群臣都是清一色的奴才，誰也不敢再來阻止說個不字。從此狗運大行，老百姓卻慘了。

貞享四年所公布出來的「生靈憐憫令」，祇是非常簡單的一條，內開：

對犬類，不可任意虐待，違背者將科以嚴罰。

好像僅僅是條動物愛護令，但實行起來卻嚴厲得嚇人！貞享四年的二月初四，江戶城內御膳房的公井裡，發現了一頭貓的屍體，而管理御膳房的人不知道是誰幹的，於是判他充軍到遙遠的八丈島上去，他的兩個兒子也下了監。從這天開始，無論什麼樣的動物死亡，都是一件嚴重的大事。

由貞享四年開始，設置了一個新官，名叫「生類奉行」，「奉行」是豐臣秀吉時代以前就有的官，權很大，是負責處理某一特定事務。此刻的「生類」當然是宇宙之間所有的生物，而最重要的是狗。「奉行」有保護、飼養和謀求牠們福祉的責任。「生類奉行」忠實地執行賦予他的任務，於是天下大亂。

首先幾位官員挨了懲。「信濃」城的太守打了他自己的狗，除了被杖笞之外，又充了軍。增田少輔家裡的人被狗咬傷，就將咬人的狗殺了，因此被判切腹。「大和」太守的家臣被狗咬，由於自衛也刀傷了狗，被判充軍，太守本人也被判禁閉。一位讀書人，有一天看見兩隻狗打架，其中一隻被另一隻咬死，而這位儒者沒有去勸架，也被判禁閉。

以上幾個實例，說明了「生靈憐憫令」公布後，人狗之間的糾紛是如何處理的。此外對狗的戶籍調查得極其詳細，毛色的分別、長短、絨薄、年齡、性別、脾氣、嗜好，都要由飼養者填報。而這位「生類奉行」也極其辛苦，日夜要在市內巡視，審看有沒有虐待狗畜的事件。

市內每家每戶的門前，都要準備儲水的大桶，萬一兩犬相爭時，不能用棍棒去勸架，祇能用水去潑，以平息牠們之間的肝火。而如果牠們生了病，必須用籠子抬牠們去看醫生。如果不幸死亡，飼主便要負責擇地去埋葬，在埋葬前還必須送由「生類奉行」處檢驗。萬一在屍體上發現了原因不明的傷痕時，事態就會十分嚴重，要徹底查究，飼主可能受到極重的懲罰。因此飼養一條狗，可能招致無限的麻煩，誰都不敢再貿然去養。家犬固然大減，但是野狗卻驟增。這批野狗怎麼辦？成了絕大的難題。桂昌院請了和尚來商量，和尚言道：「家犬有人養，需要憐憫的不是牠們，但是喪家之狗，才真可憐，生靈憐憫令應該照顧的是牠們！」

於是桂昌院聽了和尙的話，命令兒子設法救濟所有的野狗。兒子眞傳令下去，將江戶城中十幾萬頭野狗全部收容了起來，替牠們在「太久保」建造了一所樓房。飼養的食料每一頭，每天白米三合，乾魚加醬一碗。窮人都吃不到這樣的伙食。

除了狗之外，其他的「生類」也一樣受惠。老百姓不准再吃葷，魚鳥蛋類都不准吃，連海裡的蛤蜊也是禁品。「淡路」城的太守，因爲打死了一隻叮他臉的蚊子，被判禁閉，一名幕吏射死了一隻燕子，被處死。大阪的一位高官因爲帶領家臣去打獵，並且吃了打到的野味，主僕十一人都被判切腹。他們的妻子也都充了軍。綱吉本人當然不打獵，所有府裡飼養的獵鷹，全部放到山裡去自由，他曾祖德川家康最喜愛的狩獵，被他嚴禁，一直到八代將軍吉宗，經過了六十五年後才解禁。

元祿時代

年號改元

生靈憐憫令是貞享四年發布的，第二年便改元爲元祿元年（西曆一六八八年）。這一年的前後，史家統稱爲元祿時代，是日本文藝大放光彩，與儒學盛興的時期，整個上層社會的日本肯定了中國文化。而對岸的大陸卻由於滿清遊牧民族習俗的侵入，起了蛻變。

日本爲什麼要改元，原因很簡單，是皇室有了變動。日本這時還沒有採用一代一年號的制度。當時的天皇靈元已經當了二十多年，自從他的兄長後西上皇逝世後，很想也享受一下悠閒的上皇生活，於是決定禪位給他十一歲的皇太子朝仁親王爲東山天皇，並改元元祿。沒有料到這次的改元，能名留千古。

皇室自從德川家光的外甥女興子當了女天皇之後，皇室與幕府之間的感情已經緩和，聰明的女天皇當了十餘年的傀儡之後，又爽爽快快地禪位給異母弟弟後光明天皇，從此舊有的閒隙都冰釋了。後光明不幸短命，承繼他的是後西，後西也是後水尾上皇的兒子，在位八年又禪位給已經四十歲的弟弟靈元。

後水尾在年輕的時候，受足了幕府方面的窩囊氣，老來反而風光得很，除了女兒興子當了天皇之外，三個兒子也都當了天皇，不再有人批判他、指摘他、監督他，在放任的生活中，享有了八十五歲的高齡。到綱吉當了第五代將軍時，他才無疾而終。

儒學大行

歷代的天皇都是文人。千餘年來，皇室是知識分子的先驅，爲了追求學問，很自然不能不從中國引進各種書籍，而自從德川家康發布了「禁中公家諸法度之後」，指定了「天皇應以學問爲第一」。天皇的職責，從此便非讀書不可。中國的經史子集源源不絕地湧入日本，到了晚明時期，程朱諸子的學說也流傳進來。後光明天皇做太子的時候，就受了性理之書的影響，尊儒斥佛，他甚至想在宮中舉行釋奠之禮。雖然沒有能實現，但儒家祭奠至聖先師的心願，在皇室之中，已經先於德川光圀。

不過，第一位爲日本學人所尊重的大儒不是後光明天皇，而是藤原惺窩。他本名肅，字歛夫，惺窩是號。藤原世代簪纓，不過在戰國時代，文人被欺侮凌辱，因此家道中落。惺窩初學佛，後讀宋儒之書，深感儒家所談論的切乎實際，合乎人性。佛理雖然深邃，但免不了太玄，因而他捨佛就儒。尤其他認爲孔子所講述的仁義孝悌做人的道理，與日本所崇信的神道吻合，兩相引證，更能有所啓發，因此他傾心向儒，授徒傳述，門人很多。其中最有成就的，是林羅山，那位評論「鐘銘」措辭不當，而被德川家康寵信，成爲世世代代受到禮遇的漢學家。

德川家康本人讀過《論語》。對孔孟的大道理，雖然說不上能心悅誠服，但他深深了解讀聖賢書，不但有益身心，並且是「撥亂反正」的最好途徑，因此他獎勵他的幾位幼子棄武學文，多讀漢籍。直到德川光圀，結交朱舜水之後，儒學便大行起來。

朱舜水以恂恂儒者之身，遺留下來的風範，實在令人感佩。他以一介匹夫，居然赤手空拳存心抗禦強敵，光復國土。雖然沒有成功，但他那奮力不懈的精神，已經使得他周圍的人不勝感動。他流亡在日本期間所受到的窮困潦倒，又是有目共睹，而他甘之若薺的襟懷，不僅他的日本弟子受他感化，甚至後代文人都以能安貧爲榮。

由於皇室以及將軍家對於「儒」的尊敬與獎勵的關係，「儒」很快發揚起來。林羅山原本祇不過以詞章侍奉德川家康。他的後人林氏子孫則更進一步，成爲研究孔孟遺教的專業學者，繼承藤原惺窩之後，成爲儒者。由於他們受到官家俸祿的關係，不敢亂創新義，總是以朱熹的註解爲主，來衍生孔孟的思想，因此稱他們這一派儒生爲京學，爲「朱子派」。

除了京學之外，「儒」又有了「南學」、「古學派」、「陽明學派」等等，雖然以「儒」為號召，實際上是思想界的大開放。而「儒」的教義，與佛教不同，佛教雖說是空、是無，但信徒卻是有所求。求福、求保佑、求來生。而「儒」祇是供獻、殺身以成仁，是仁的最高境界，無論是忠、是孝、是仁、是義，都是一種無我的供獻，顯得比「佛」來得高尚。

從所未有這樣愛學問的將軍

綱吉顯然不是一位賢明的統治者，但卻不能不說他確是一位熱中的「儒」。元祿元年，他親自到上野孔子堂去參拜，並且在弘文院聽林羅山的孫子「鳳岡」講述孔子學說。上野的孔子堂是林家在他們的別墅上野忍岡搭建的一處簡陋殿堂，他們私自在那裡演繹過釋奠之禮，祭拜過孔子。綱吉認為上野的孔子堂不足以示崇敬，於是選定了神田，命令幕府興建一所堂皇的大殿，三年後才完成。他並且在聖堂的正中，親筆題了「大成殿」三個大字的匾額。到了元祿四年，又將孔子以及亞聖、十哲、七十二賢的塑像列入之後，他自己舉行了釋奠大禮，撥出了祭田千石，作為經常維持的費用。他自己從元祿四年開始，就在大成殿上講述《論語》、《大學》、《中庸》、《孟子》等書，召集各藩諸侯、統領將佐、寺院的高僧來聽，他總共講了兩百四十多次，一直到元祿十三年十一月才停止。除此之外，他不斷邀請各家有學問的人，來共同研究或討論。讀書的風氣確是空前。當時人的評判認為他是從所未有喜愛學問的將軍！

在這樣大力獎勵之下，儒風瀰漫了讀書界，有名的儒生人才輩出。值得特別一提的，是荻生徂徠。

一代大儒

荻生徂徠，寬文六年江戶生，他母親正月裡夢見新年在門首插松枝，寤而生他，因此爲他取名雙松。後來由於將軍的世子名德松，爲避諱不敢再公然用松字，於是從《詩經》的〈魯頌〉，「徂徠之松，新甫之柏」句子裡取了徂徠二字爲號。徂徠之松，是棟梁之才，頗有自負的意味。徂徠很小就拜林鳳岡爲師，那時鳳岡祇不過是世襲的漢文學者，不敢自稱「儒」。徂徠從鳳岡學的，僅是詞章作文，並不是儒學。十四歲他家遭遇不幸，徂徠的父親是綱吉的侍醫，因案獲罪，被流放到上總。徂徠陪伴老父，輟學，一同到了謫所，在上總鄉間住了十一年，才遇赦回到了江戶。老父不久亡故，他孤苦伶仃一貧如洗，但他仍苦學不倦，居然讓他博覽群書，在江戶設館授徒，講授程朱性理之學。他家徒四壁，窮得饔飧不繼，祇好到鄰居一間豆腐店討一些豆糟充飢。這樣過了好幾年，他的老師鳳岡這時正式蓄了髮，脫去僧衣，奉命爲儒官，號稱「大學頭」，敘從五位下。由幕府公然承認「儒」是一種崇高的職業。將軍綱吉最得寵的側近人柳澤吉保，也是虔誠服膺「儒教」的人，風聞到徂徠的名氣，延攬過去之後，徂徠才享有了稍微像樣一點的生活。他已經三十一歲。由於儒在社會上有了地位，他的門人也多了起來。他最初師承朱子，十分服膺格物窮理的學說。那時已有人主張「古學」。所說古學者，是講躬體力行忠孝仁義。能夠做到，便是聖道。徂徠在他中年時，對此說並不贊同，在他所著的《蘐園隨筆》三卷裡，大加排斥。但是年過五十之後，忽然轉變，不僅不再回護宋儒，反而痛駁性理之說的空虛，成爲古學的宗師。由於他的識見超卓，漢學的根柢深厚，詩文音樂無一不通，徂徠學派風靡了日本，達一世紀之久。徂徠不僅是道學，並且也是稀有的文學家。

天才小說家

十七世紀是個奇特的世紀，全世界的文藝都在這時期開了燦爛的花朵。其中以小說戲劇更爲突出。在中國，有《金瓶梅》，湯顯祖的《牡丹亭》，羅貫中的《三國演義》，在西班牙有「塞萬提斯」，在英國有「莎士比亞」，在法國有「高乃依」、「拉辛」、「拉伐葉特夫人」等等，都是名傳千古的作家或名著。在日本也產生了一位大文豪——井原西鶴。他本名平山藤五，是大阪一個富裕的商人，買賣做得很順手，錢賺得容易，但他並不愛財，偏偏愛上了文藝。他二十五歲時就以「鶴永」的筆名，發表了極具韻味的「俳句」。「俳句」是日本的半截歌，必須略帶禪意，才算上乘。他的俳句很快受到大眾的喜愛，不久便與另一天才詩人「芭蕉」齊名。他為了獵取靈感起見，將店務託交給了別人，自己去出遊，實行了古人「行萬里路，讀萬卷書」的求學方法。他到了江戶，大開眼界，另得靈感，忽然放棄了他作詩的興趣，寫起小說來，他第一部大作是《好色一代男》。

好色一代男

《好色一代男》，一半是他在江戶親身經歷到的豔遇，一半是他由《源氏物語》中引發出來的靈感，編成長篇故事。主人翁名叫「世之介」，和源氏相仿，雖非皇家子嗣，但也出身富裕之家，七歲就懂得戀愛，一直混在女人窩裡，六十歲時還嚮往神秘的女護島，和幾位好友貿然而去，不知所終。雖然全篇虛構，但文字有時絢爛有時詰屈聱牙。

西鶴以生花妙筆描述世之介七到六十歲，五十四年的好色生涯。分年寫來，共五十四章。全書八卷，一二兩卷中的十四章是敘說世之介七到二十歲之間的情形。先和小婢女之間初嘗雲雨，之後是和表姊的綺情，由於世之介和源氏一樣，長得英俊瀟灑，人見人愛，不論是鄰居的太太、遊女、藝妓、私娼、寡婦、淑女，甚至路過的婦人，沒有不見他著迷而不想和他溫存一下的。卷三、卷四，十四章之中是他二十一到三十四歲間的事，這一期間是他的性成熟期，主動地獵豔了。他出外旅行，在各處碰到無數奇遇。橋本的私娼、京都貴冑家被冷落的妾侍、下關稻荷町的姑娘、大阪的蓮葉女、坂田的小尼姑，和江戶豪宅裡的侍女，和他春風一度後都纏綣難捨。卷五、卷六、卷七、卷八共二十六章，是他三十五歲到六十歲之間的意外豔遇，然後由他母親那裡，得到大批遺產，他就將所有的錢財分給他各地的膩友。在天和二年，神無月的最後一天，會同他七位好友，乘坐一艘名叫「好色丸」的船，往尋女護島，不知所終。

他這本書出版後，登時洛陽紙貴，當時人們享受了幾十年的太平，大家飽暖，免不了思淫欲，本書正是當時社會上所渴望的，因此成了搶購的對象，他於是又續寫了一系列的同類的書，竟成爲一部繼《源氏物語》之後沒有受西洋影響的不朽著作。

元祿六年西鶴五十二歲去世，距離德川開府的時候已經有八十多年。在這八十多年中，國際間起了不少變化。對岸的大明亡了國，清朝不但席捲了這一大塊土地，出現了一位有史以來的明君康熙皇帝，他平定內亂之後，又四出征討。在遠遠的歐陸，先是法國的一位好君主亨利四世被一個瘋子刺死。三十幾年後，英王查理一世也上了斷頭台。在不斷的互相爭霸中發生了無數戰爭，打個不停，衹有日本得到一個小康局面。但是到了元祿十四年，卻發生了一樁日本人至今還不忘的大事件。

元祿十四年春，天皇派了兩位大臣爲幕府賀年。敕使馬上由京都到來。幕府爲了歡迎和招待這兩位使臣，特地命令赤穗地方的城主淺野長矩爲接待大員。不過淺野是個粗人，不懂朝廷的各種儀式，幕府命他請教一下當時任高家的吉良義央。高家是官名，去請教他要送一份厚厚的禮。淺野送去的禮薄了一點，吉良沒有把接待的儀禮說得清楚，敕使來的時候，淺野醜態百出，吉良不去幫忙，反而譏笑他不識大體。淺野一時性急，慚怒交加，拔出佩刀向吉良砍了過去，頓時血流滿地。但是吉良沒有傷到要害，被人救了出去。淺野卻因爲在幕府的大殿裡當眾行凶，幕府認爲他罪大惡極，判他切腹自殺，並沒收家產，五萬三千石地租和一所大邸宅全部充公，可是吉良卻判無罪。

淺野的家臣大石良雄是個血性漢子，這樣不公平的判決他不但不服，也十分憤懣，糾合了同志，想替主人報仇。不過吉良方面也察知他們的舉動，所以防範很嚴。大石假裝以酒色婦人掩護，使得吉良鬆弛。一年多以後，大石連同四十七名同僚，半夜殺入吉良家，把他斬了，並且將他的頭獻到淺野的墳上，然後他們四十七個人束手讓幕府差人拘禁，聽候判決。拘禁了幾個月後，幕府下令命他們集體自殺，這四十七人於是全部剖腹自殺而死。人們爲了紀念他們，常常將這段復仇故事編成戲劇上演。一直到今天，日本人還喜歡演此劇。

大石良雄的復仇事件告一段落之後，幕府當局遇到了種種棘手問題，將軍家宣及兒子家繼都不幸短命。幕府在家康的諸後嗣中推選了吉宗。他奉命爲將軍之後，也勵精圖治，造成中興局面。那時日本雖然尚在鎖國時期，卻引進了不少西洋書籍，命人譯述。於是天文、曆數、醫學等自然科學都發達了起來，史稱這一時代爲享保之治。延享三年吉宗讓位給他的長子家重。名義上他雖退職，但實際上他仍大權在握，一切都沒有改變。但吉宗六十八歲去世之後，情形就完全不同了。家重是一個道地的紈袴子弟，生來就既懶惰又懦弱，並好酒貪杯，耽於女色，遊宴終日，溺愛雜劇而不理正務。他任用許多侍臣。於是賄賂公行，政治敗壞，享保中興在他手中全部傾頽了。

幕府開始崩壞

家綱時代思想的主流是儒，武士們受了儒的影響創立了所謂的武士道。儒是中國傳來的思想，不完全能適合日本人的胃口，因此雖說是儒，但卻分成兩派。一派純粹是道地中國式的儒，一派是日本改變了的儒。

山鹿素行是有名的大儒，他主張武士道應該以人倫為出發點，是有選擇性的，是中國式的想法，而葉隱則認為武士應以輕生為第一要義。兩者不同之處最容易分辨得出來，是在主君怎麼樣來處理諫言。山鹿說如果主君不能接納諫言，武士認為不可教時，可以另選賢君，遵循人倫的道理，以完成武士應盡的職分，這才是大丈夫的態度。葉隱則認為如果主君做了錯事，應該諫，不聽就再諫，再不聽就將責任推給自己，替主君肩負起惡名，但暗地裡還是苦諫，倘若主君發怒要自己切腹自殺，或免職為一介浪人，就切腹就去當浪人。因為主君之恩不可背棄，所受的恩情是永遠報答不完的。

這和山鹿的想法完全不同，是愚忠式的想法，也可以說是日本特有的想法，而這種僵硬的思想一直支配著日本軍人的頭腦。

生靈憐憫令終於被廢了

接踵而來的天災地變使得民不聊生，加上痲疹流行，更形淒慘。綱吉也被傳染上，到六十四歲便一命嗚呼了。他彌留時關照他的養子長兄之子家宣說：「你務必要好好保留那生靈憐憫令，千萬不可廢止！」他臨死還念念不忘狗，生怕會被虐待，但是他的遺言卻沒有被尊重。家宣襲位爲將軍後，再三考慮，祇能將他的遺言存在自己心裡，不能不顧全人民的好惡，於是毅然決然廢了那條不近情理的惡令，百姓大悅。

新井白石與間部詮房

家宣可以算得是一位明君。他起用了新井白石，由新井舉薦了間部詮房。家宣任他爲側用人。側用人是官名，職位雖不高，但因爲是將軍的親信，因此權很大。二人協力輔佐家宣，以儒學爲中心，國以大治。間部是個美男子，伶人出身，精於舞蹈，而新井卻極其醜陋，宮中侍女給他一個外號，叫赤鬼。但兩人氣味相投，合作無間，都能公忠體國。家宣不幸短命，兒子家繼才四歲，新井和間部協心處理國政，一如家宣在世，也可以算是家宣的延長，但家繼祇活到八歲便夭折了。在家宣未死之前，綱吉初逝，白石知道政局混亂的原因在惡令的存在，所以首先對蒙受生靈憐憫令害處的人，在二月的大赦中，由幕府正式發放了補償金。領到救濟金的高達八千八百多人。這一措施深得民心，老百姓有復蘇之感，謳歌之聲遍於市廛。

幕府財政困難

不過那時幕府的財政極爲困乏，所有大官都蒙在鼓裡，不聞不問。管財務的人想出一個辦法，建議將貨幣改鑄，金銀的成分減低。家宣原本不肯，但是財務管理員秘密的和鑄造廠的人勾結，竟製造了許多成分不夠的錢。起先大家覺得錢有問題，對家宣提出質問，家宣於是反問管理員。他起初不肯承認，逼得沒有法子時，才坦承是自己改鑄的，不過事已至此，很難糾正，祇好將錯就錯，錯下去算了，惡幣因此更加氾濫。新井白石認爲不可，他上書要求撤換管理人，家宣起初還不肯，白石三上書之後，才達到撤換的目的。家宣不久就一病而亡了。不過他遺言一定要將貨幣整頓好。有此遺言，白石才敢和堺的商人谷長右衙門商量如何改善已經紊亂的金融。白石的主要觀點是，爲政者不能欺騙人民。政府吃一點虧不用怕，可是對人民不能不誠信。

白石自奉甚儉，所拿的薪俸還不到一千石，平時都在貧困之中，但是他能過著像顏回一樣的快樂生活，他是詩人，同時是歷史學家。當時的人都讚譽他博學多才，不幸的是他幕府的同僚不能與他配合。尤其賞識他才華的將軍家宣死得太早，後繼的將軍家繼又太年幼並且夭折，使得他沒有發揮大才的機會。在這過渡期間，居然能平穩度過，已經不能不算是白石之功了。

八代將軍吉宗

家繼八歲夭折之後，幕府在家康諸後嗣中，推選了紀州藩藩主三十三歲的德川吉宗爲後繼者，這使得反對新井白石的人不免彈冠相慶了，日本人最喜歡的一句讚美之辭是「天下一」，「天下一」三個字筆畫衹有八畫，恰巧吉宗是第八代，有成爲天下一的希望，是好兆頭，正合乎大家望治之心，對他的期望甚高。他在紀州時本已治績很好，三十三歲的青年正是做事的時候，現在轉到中央來，更可以發揮他的才能了。

第一他破格起用身分微賤的人。一來身分微賤的人沒有飛黃騰達的野心，對自己的職位容易滿足。二來對薪俸的要求不高。幕府的支出因而銳減。同時他爲了使消息靈通起見，用了很多名叫御庭番的，類似特務，但不去發掘人家的隱私，而是替將軍覓人才。

他前半期用了水野忠之爲輔佐，後半期則用松平乘邑。此人非常有才幹，一班人批評他說：「咱們就是爬梯子也及不了他的高度」，所以吉宗用的人都是一時之選。

財政方面的改革，吉宗追隨了新井白石方案，先把貨幣整頓好，然後設法開源節流。爲了開源，他獎勵開新田，在江戶的日本橋附近，貼出告示，無論是什麼樣的人，有開墾志願的就有賞。因此大家都去找地開墾了。這樣年貢很快地增加起來。爲了節流他就厲行節約。結果自享保元年他開始任將軍職時算起，到延享二年他退職那一年爲止，三十年間年貢增加了，幕府的金庫多了一百萬兩。

他先在江戶、大阪、京都各地設置機構，專門受理老百姓的訴訟，有不平不滿的控告，他一定要調查清楚。他振興教育的目的，是要人民懂得如何守法，如何遵從秩序，因此他命令荻生徂徠翻譯清廷發布的「六諭衍義」。幕府的官學在湯島，允許老百姓自由來聽儒者演講。他與綱吉、家宣不同，對自身的學問不大講求，但對人民知識的追求卻非常注意。那時日本雖然尚在鎖國時期，他卻引進了不少西洋書籍，命人譯述。於是天文、曆數、醫學等自然科學都發達起來。

史稱這一時代爲享保之治。延享二年吉宗讓位給他兒子家重。他名義上雖退職，但實際上仍大權在握。吉宗六十八歲崩。

世界情形有了變化

延享二年在中國是乾隆十年，西曆一七四五年。中國自從明亡之後，滿清入主中原，經過康熙、雍正兩位明君當政，國威大振。乾隆繼統之後，南征北討，擴張了版圖，成爲東亞第一強國，自以爲是宇宙間最強大最文明的中心。歐洲則逐漸脫離了神權的支配，各國競爭犀利，進步神速。法英之間，爲了爭奪殖民地，在美洲各地不斷廝殺，七年戰爭（一七五六—六三）即將開始，雙方劍拔弩張，誓不兩立。英、普聯盟對抗法、俄、奧、瑞，在科技武器方面都有了長足的發明與改進，比起酣睡的東亞諸邦還停留在中古的弓箭時代，要高明多了。英國已經開始經管印度，嘗到了貿易經商的甜頭，想要由印度再擴張到中國，於是派了一位大員馬戛爾尼勳爵到中國來見乾隆皇帝，目的在求通商。不料當時由於語言的隔閡，譯者不懂外語，竟胡亂將英使來意說成歐洲的一個小島英吉利國聽說中國大皇帝八十壽辰特來慶賀，奉使拜謁。當時滿清朝覲皇帝的儀禮，必須行三跪九叩首禮，馬戛爾尼不肯，就拂袖而去，英政府毫無所得。馬戛爾尼航行了很長一段海路後，再吃了風沙，總共花了旅費八萬鎊，在當時確是一筆龐大的數字。幾年以後，英國不死心，又派了一位勳爵阿姆赫斯特到中國來。這時語言的障礙雖然減輕，但是覲見皇帝的禮依然未改，碰到磕頭的難題，交涉了很多次，清廷好不容易通融用英國見君王的禮儀接見，日期也訂妥，但是阿姆赫斯特已經等得不耐煩，氣跑了。

英國政府早想和中國通商。那時中國有幾項東西令洋人垂涎的，一是絲織品，二是瓷器，三是茶葉，這三者替中國賺了不少洋錢。英政府認爲與中國貿易，將有很大的前途，所以寧願白花八萬鎊，做試探性的旅行，雖然碰了清廷一鼻子灰，但並不死心。五十多年後，清廷開始衰敗，東印度公司卻在中國開闢了一條貿易道路。印度王公貴人嗜好的一種煙，名鴉片，吸了可以提神。東印度公司負責人想不妨到中國來試銷。不料成績奇好，中國人竟比印度王公大臣還更喜愛此物，銷數每年增加，氾濫全國。到了一八二一年，清廷禁止鴉片船入境，但是愈禁愈猖獗，到處都在秘密買賣，秘密吸食。一八三二年，猺族之亂，清廷派兵進剿，居然發現在一千個兵裡面，有兩百個兵是吸鴉片的。吸食鴉片的風氣，不論貧富貴賤，祇要有錢吃得起，無有不貪的。因爲吸了之後會上癮，上癮之後又很難戒除；但是吸食過度，可能致死。道光皇帝的大阿哥，傳說就這樣送了命。

吸食鴉片不但會死人，並且上了癮的人，道德標準會低落、會懶、會偷，種種壞事都做得出來，所以不僅大量銀錢將會被英國人騙去，尤其是整個民族都將墮落，最先主張嚴禁鴉片的是黃爵滋和林則徐。林說得最透徹，他論道：將使中國無可以充餉之銀，無可以禦敵之兵。道光皇帝對他異常賞識，陛見八次，頒給欽差大臣關防，命他馳往廣東，徹底根絕煙禍。他與英國領事埃理奧特往返交涉數十次，終於破裂。一八四〇年二月，中英正式宣戰。英國派遣軍艦十六艘，陸軍四千人，大舉進攻。他們非常狡詐，不去進犯防備森嚴的廣東林則徐所在地，而是直驅天津一個完全不設防的港口。清廷大驚，祇有屈服。鴉片戰爭就這樣結束了。這場戰爭，暴露了清廷的弱點，從此抬不起頭來，聽任列強宰割，但是清廷雖然吃了一個不名譽的敗仗，卻站在理上，我們是爲維護國民健康而戰，在人類史上是光榮的，是可以誇耀的戰爭，是一場雖敗猶榮的大鬥爭。到今天我們提鴉片之戰時，英國人沒有一個不羞慚滿面的。

寶曆元年，即西曆一七五一年，前將軍吉宗死了。日本的情形怎麼樣了呢？日本地處偏遠，又在鎖國狀態，沒有特殊吸引人的出產，不如印度有那麼多的顢頇王公富豪，也不如中國有那麼多不肯負責怕事的書呆子官吏。所以英國商人對日本的興趣不大，沒有意願傾銷鴉片到日本，因此日本避免了受此災害。而日本風聞到清廷敗績的消息，也已經夠膽戰心驚的了。

日本政局的混亂

家重五十一歲酒色過度而亡，他的兒子家治繼位，做了二十幾年將軍之後，也一命嗚呼了。家治祇有一個獨子，不幸暴病早夭，不得已由堂房兄弟之子家齊爲嗣。家治當了二十幾年的將軍，在這二十幾年當中發生了一件大事，就是皇權的復活。

天皇和將軍誰當權？在日本歷史上時有論爭。本來天皇與將軍勢不能兩立，並不是什麼稀奇事，無寧應該認爲必然現象，過去歷史上早有不斷紛爭的記載。後醍醐天皇對足利幕府的鬥爭，是最慘痛的前例。天皇受武將挾制的事蹟，史不絕書。德川幕府初開府的時候，平定了亂局，人民得到喘息，不能不感謝幕府的仁德，況且那時幕府對皇室也非常尊敬。不過現時社會安定，已經有了一百多年的太平盛世，町人個個生活美滿豐衣足食，但是祇有一種人，心裡不免憤懣不平，就是那班拿菲薄薪俸過日子、天皇面前的公卿大臣。他們本來是一群特權階級，天之驕子，除了伺候天皇之外無所事事，地位卻很高貴，生活也很優裕。但是自從德川幕府成立以後，政治中心由京都遷到江戶，他們的優裕生活也打了很大折扣，僅僅靠天皇的特支費中支付薪金，十分拮据，比起沒有受過教育的町人還不如，哪能不想到皇權沒落的悲哀！加之當時儒學倡行，尊王思想風靡一時，自然而然，倒幕的陰影油然而生了。

這時皇室和幕府間始終保持和睦。東山天皇即位後不久，又恢復了中止很久的大嘗祭。表面上看來，京都與江戶之間還不算壞。到了桃園天皇踐祚的時候，京都生活費高漲，公卿大臣的收入不夠用，尤其爲了不能不顧全身分體面，需要排場衣著，現在都不能再有，比起以前，不能不覺得十分委屈，於是全怪在幕府。這時桃園天皇才十八歲，需要讀書，請了幾位師傅爲他講學，這幾位師傅是德大寺公的侍臣，爲天皇講一本《靖獻遺言》，是由中國的屈原說起，到明朝的方孝孺爲止，一共八個人的事蹟，專門講氣節、義理、殺身取義的故事，以此鼓勵天皇要他自強，排除幕府的羈絆。他們並且傳授一些兵學，在禁中居然演起武來。幕府聽到風聲大驚，不能不採取行動。幾經考慮，還是將這批公卿逮捕拘禁起來。這是寶曆八年七月間的事，被處分的有權大納言正親町三條公積、德大寺公城、權中納言坊城俊逸、少納言西洞院時名等十七人。這就是所謂的寶曆事件。從此皇室不再與幕府和睦相處了。這是家重將要退隱時發生的大事，幕府的主持人是奸人田沼意次。

十年後又發生了一件事。小幡地方的藩主織田信邦延請了一位學者來講學，這位學者名山縣大式，著有《柳子新論》一書，主張「王政復古」。他認爲天皇應該親政，政權在幕府手裡是僭越行爲，非常不敬。他這種言論得到很多人共鳴。一天，他的一位門人藤井右門在酒肆裡，和一位浪人討論時事。右門酒後大罵幕府，並且引經據典說大式也是這意見，浪人說他不過，就一五一十報到官裡。幕府認爲是反叛論調，不可不嚴懲，於是將右門、大式一干人以謀反罪殺了頭，另外將小幡地方充公，藩主織田信邦判了軟禁。沒有犯任何錯的官員，也因爲在寶曆事件中所用的書沒有被查禁，散布了尊王思想，所以也獲罪，判他們充軍到八丈島。做最後判決的人還是田沼意次，這時他已經升任爲老中了。

這件案子就這樣算結束了。但是尊王討幕思想慢慢傳布了出去，成爲幕府的致命傷。寶曆事件影響雖大，但祇限於王公貴冑與皇室之間的摩擦，而後者則是普通老百姓之間的糾紛，並不是因爲生活有不滿而吐怨言，純粹是感情上對幕府的厭惡，所以意義格外重大。這時已是十代將軍家治掌政的時代，家治同他父親一樣是個庸碌之輩，案子發生在明和四年，史稱明和事件。

田沼意次時代

寶曆元年八代將軍吉宗逝世，長子家重嗣位爲九代將軍，可是他和吉宗不同，生活疏懶好色，貪杯不理朝政，當時的公卿對他很不滿。一條兼香公爵在他日記中寫道：「異於父，公不好儉約而好華美。」然後又寫道：「可知後世之事矣。」好像已經預言不會有好結果。

家重信任他的側用人大岡忠光。側用人不應有參政權，不是正當的官吏，祇能傳達命令，但家重破例事事都交給他辦。寶曆十年大岡忠光死了，由田沼意次代替了他。田沼接事不久，家重也死了。於是田沼就成了家治的側用人。田沼工於逢迎，很快成了家治的心腹。他本是一個非常有心機權謀的人，利用各種關係培植自己的勢力，親戚滿天下。家治庸碌無能，聽任他胡作非爲，形成太阿倒持的局面，史稱爲田沼時代，而不稱爲家治時代。這一時代的特色，是天災地變、人民歉收、賄賂公行，幕府的收入每年遞減，由每年一百六十萬石米穀，減到一百零八萬石，中間還經過江戶市的大火，關東地方的洪水，然後又是火山爆發、大饑饉。

田沼本人就是貪官，賣官鬻爵，極其普遍。長崎的奉行値二千兩，此外各種高官起碼要値千兩。本來在日本的官場裡，收賄不算稀奇。歷史上列代掌權的人都有納賄的紀錄。酒井忠清由大名田商人那裡收受各色賄賂，還大言不慚地說道：「送我東西是因爲尊敬將軍。」

五代將軍綱吉的大老柳澤吉保須要用好幾位專人，在自家門前迎接那批送禮來的人，所以收賄在那時算不上是一件了不起的惡行，還不能使老百姓痛恨田沼。使得人民驅逐他的原因是因爲他想發財，開闢新田，借了很多錢築壩，想利用海浦新生地來達成他的理想。不料一場大洪水沖走辛苦建成的工事，於是一切盡付東流。一方面嗷嗷待哺的滿城餓殍，失去了信心，群起作亂，結果釀成了他的失腳。田沼晚年淒涼，支持他的將軍家治也死了。最後他被罷黜，在窮困潦倒萬民唾罵聲中，與世長辭。

他的後繼人恰好和他相反，是個非常正直的君子，不論在操守方面、做人方面、政策方面，都採取了不同作風，是一代名臣松平定信。

松平定信反對天皇替生父加尊號

除了寶曆、明和兩事件之外，還發生了一件不愉快的事件，使得天皇和幕府之間有了誤會，那便是尊號問題。後桃園天皇二十二歲就駕崩了，他無嗣。由閑院宮典仁親王之子繼位，是爲光格天皇。他那時九歲，不大懂事，及至長大以後，總覺得應該給他父親加一個尊號，方能略表孝心。他十八歲時，和一位最要好的朋友論及此事，想知道有沒有前例可循，經朋友詳查前史，查出後堀河天皇和後桃園的父親都沒有當過天皇，但都由兒子封爲太上皇。光格大喜，馬上通知幕府，爲父親典仁親王加尊號。哪知這時在幕府掌舵的人松平定信不同意，寫了一封私函給天皇的左右，請打消此意。但是天皇的孝心是大家贊同的，連後櫻町上皇都不反對。定信沒有辦法，衹好加了典仁親王每年二千俵的膳費。加尊號的事免談。第二年典仁親王病逝，尊號問題自然解消。

定信為什麼不同意天皇為父親加尊號呢？他有苦衷，十一代將軍家齊剛接事不久，比光格天皇小兩歲，也是由他房過繼來的孩子，倘若他也學天皇的例子要求給他父親加尊號的話，幕府就要非常為難了。因為天皇加尊號不外是上皇，一個虛名，而如果將軍加尊號，必然是個有權有勢的實缺。家齊的生父是個有野心的人，萬一做出不愜人意的舉措來，大家會怪到幕府，定信為防患於未然，所以不惜得罪天皇反對加尊號，但他沒有想到後遺症卻非常嚴重，從此皇室與幕府之間的裂痕愈來愈加深，人民的討幕情結也更明顯了。

家治是天明六年逝世，無嗣，幕府由德川家康之後胤三家中，迎接了家齊為將軍，再由三家推薦了松平定信為幕府的老中。定信是八代將軍吉宗之孫，學問極有根柢，是忠誠的儒者。他銳意改革，把田沼時代的秕政廢除，悉心輔佐將軍家齊。天明七年七月十五他就職幾天之後，便召集了所有職員，在將軍面前宣誓，要仿效享保時代的遺制。他果然信守了他的諾言，創造了史稱寬政之治的奇蹟，老百姓也在他的仁政下得到喘息。

天明八年正月京都大火，燒壞了皇宮裡的仙洞，他特地徵求到古制圖案，照樣重新建造，費時兩年多才完工，規模結構和往日一模一樣，天皇非常高興，賜給他一把寶刀及御製的詩集。雖然不能稱為得到天皇的寵信，起碼該認為是相當忠誠的陪臣。但是忽然在寬政五年的七月，他正忙於俄使到來的事而焦頭爛額時，奉到被將軍解職的命令。他被解職的原因，是由於反對尊號而起，不但天皇對他誤會，連將軍的父親也對他不諒解。這時他才三十五歲。

家齊和松平定信的時代

英國雖然沒有覬覦到日本，但是歐洲新興國家之一的帝俄卻對日本有很大的野心。俄國先逐步呑噬周圍的小島，漸次輪到日本本土。當時帝俄的統治者是女皇凱薩琳二世。她是一個非常英明的君主，奪取了她昏庸丈夫的皇位，和普魯士王腓特烈與奧國的瑪麗亞・特蕾西亞瓜分了波蘭，是一位非常有氣派有眼光的女性。她呑噬了無人島，與日本接壤之後，派了剌克斯曼到日本去。剌克斯曼是一位二十六歲的青年將校，是由一位名叫大黑屋光太夫的漁民引導而來的。光太夫會說一點俄文，他在海上捕魚，漂流到俄境而被捕。那時海運未通，東方人很稀奇。一個黃皮膚小個子的人在俄國看起來是一個奇特的動物。於是將他送到俄京。女皇大喜，派了她親信人的兒子爲特使，拿著她給日本君主的親筆函乘船出發。

特使的船是從北邊來，經過許多冰天雪地的地方，好不容易才到了北海道。日本官方大驚，報告了當時最掌權的松平定信。定信知道日本沒有海防的力量，不能抗拒任何外來的侵略。他於是假託說北海道不是接待外賓的地方，請到長崎去。長崎離北海道還很遠，刺克斯曼懶得再去，他於是把所看見的景象、山川形勢、物產、風俗調查清楚，冒著風雪乘原船回去了。光太夫當然沒有跟他一起走。十二年後，俄國又派一位使臣列薩諾夫乘著兵艦到來。可是長崎的官員沒有定信來得圓滑，態度十分冷漠，列薩諾夫當然便不客氣，大掠一頓而歸。日本人如噩夢初醒，知道已大難臨頭，不能不研究自救之道了。於是在尊王之外，又加上了攘夷的呼聲。

家齊和松平定信的合作雖然得罪了皇室，但是不能不承認是開創了一個新的中興局面。定信繼承了田沼的貪污政治之後，嚴懲賄賂行為，立刻耳目一新，人民有復甦之感。除此之外，還獎勵武道，士氣因此也高昂起來。他不光是講究武，也沒有忘記文，所以又提倡朱熹的學說，排斥異術，並且厲行節約，防備荒旱。雖然一切舉措十分周密，但沒有想到忽然有一個黃髮綠眼的巨人出現在他面前。他不能不虛與委蛇，把這異國人先騙出境，再徐圖抵抗。但是日本那時科技還很落後，無法和歐洲列強來抗衡，等列薩諾夫第二次來時，定信已去位，後繼者沒有他的智慧，祇有聽憑宰割。不過這次列薩諾夫沒有蠻幹，因為那時剛遇到法國大革命後，拿破崙大舉進攻帝俄。帝俄自顧不暇，無力東拓領土，所以日本得到喘息。

家齊享有了五十多年的太平盛世

家齊官做到太政大臣，六十九歲薨，贈正一位。日本除了足利義滿、豐臣秀吉、德川家康、秀忠父子外，天皇從未頒過這樣高的職位。家齊可以算是福人，十七歲做了將軍，享有了五十多年的太平盛世，是德川幕府最後的中興之主。在他之後，德川幕府便進入黃昏了。

家齊六十歲的時候，身體還很健壯，冬天一件襯衣就夠了。他有妾婢四十人，其中十七位爲他生了五十五個子女。他六十六歲時讓位給他兒子家慶，而自稱大御所，但他管事管慣了閑不下來，於是一面管事一面享樂。由於大權還在他手中，就任用了幾位年輕小夥子，於是出了紕漏。小夥子仗勢欺人，無惡不作，把他以前的政績全部推翻，賄賂公行，朝政大亂，世人叫這批小夥子爲三佞人，因爲只是三個男人。除他們而外，還有一位新寵，一個非常美麗的婦人。老百姓都說這是田沼政治的復活。所以家齊在晚年的四個年頭喪盡了過去的英名，不過史家原諒他，依舊稱他爲中興之主。

家齊晚年發生了一件前所未有的大事，那便是大鹽平八郎之亂。天保八年二月十九日，大阪的一個巷子裡忽然傳出驚人的砲聲，同時火頭四起，有人在放火。是誰在作亂？是大鹽平八郎，一個名門世族的學者。從天保四年到天保七年連年都鬧大饑荒，米價昂貴，貧民到處搶米，米店弄得不敢開門，餓死的人不斷出現。平八郎眼看到這種情形，心中老大不忍。

他本來就是陽明學派的儒者，知行合一，不允許他對此事不管。他建議當地官憲，請他們出面，讓地方上的富豪出錢出米，救濟災民。哪知他碰了個大釘子。官說不要你管，你再管就將你拘禁。官的態度一點也不友善，反而秘密地叫人到兵庫縣買米運到江戶去。

「徒懼人禍而冥是非之心，誠丈夫之恥也。吾何面目以對聖人於地下！」

他於是決心除奸，在二月裡把他珍藏多年的書全部賣掉，換成金錢，再將這些錢散給貧民。本來他打算在十九日的下午，官員出巡到他家對面大廳休息的時候起義的，不料被人洩漏機密，祇好提前舉事了。義軍開始十分勇猛，但平八郎不准殺人，祇准放火，大阪城五分之一被義軍燒光。幕府偵知平八郎父子藏匿的地方，他知道已被包圍，便和兒子切腹自殺了。他死後沒有人不惋惜。雖然很多店鋪被他焚毀，但是人民並不恨他，反而目他爲英雄。這件事證明了幕府已經腐化，老百姓已經對這個政權十分厭惡，幕府的末日快到了。

在家齊任內世界上發生了不少大事。五十年確不能算是一個短時期。在中國，乾隆皇帝死了。他的繼任人嘉慶皇帝也死了。法國大革命，殺了許多人。然後拿破崙出現，打了不少仗，最後進攻莫斯科。慘敗被俘，脫走後又被俘，囚死在荒島上。英國第一輛火車開行。馬克思發表共產黨宣言。鴉片戰爭中國大敗。美國實行了門羅主義。俄皇亞歷山大一世歿。總之這是一個動亂的世紀。令人興奮的是，這五十年裡在歐洲科技有了長足的進步。但亞洲的中國和日本則開始落後，可以說是亞洲人民的黑暗時代。

列薩諾夫到過日本之後，便不斷有西洋的船舶侵入日本海域，鎖國政策自然解消。從一七九二到一八四九年的這五十餘年間，洋船停泊在日本共約四十次。有俄、英、美、法、荷等國的艦隻，有的僅要求通商或來補給，也有來大掠一頓的海盜行爲的船。日本雖然還沒有像中國受到鴉片戰爭那樣的大害，但也免不了外來的侵擾。攘夷思想當然免不了要高昂起來。

日本分爲無數大小藩

那時日本分成無數大小藩，是因襲著戰國時代群雄割據的舊方式，沒有多大改變。德川家康雖然名義上統一了全國，但是各藩依然存在，能保有自己的臣民、自己的特產、自己的行政權、自己的財政，甚而至於外交。

藩也有大小、有強弱、有親疏。其中最有影響力的大藩，有如下幾處：

長州藩　藩主在文久年間是毛利敬親，對公武合體的主張非常擁護，常常往來於皇室與幕府之間，任斡旋拉攏撮合的偉大工作。他和三條實美等少壯公卿十分要好，成爲攘夷派的急先鋒。文久三年的五月，美、法、荷蘭三國的艦船想通過下關海峽，他竟不客氣地開砲轟擊。於是闖下大禍，釀成有名的長州征討再征討事件。

薩摩藩　是南日本最大的藩，藩主島津世代相傳，是一個有歷史的古藩。有名的鹿兒島在藩的境內，是藩內名勝。除此之外，並且曾經與將軍家聯過姻。二十五代藩主島津重豪之女，嫁給了將軍家齊為夫人，嫁奩之美，當代空前。藩內人才輩出，對明治維新貢獻甚大。

水戶藩　是德川嫡系御三家之一，號稱天下的副將軍。水戶第二代的藩主光圀是一位學者，一生以修史為業，為人所敬佩。數代後，由齊昭繼位，主張第一要充實軍備振興士氣，以備內憂外患。第二要矯正風紀厲行儉約。到了天保三年（西曆一八三二年）新設海防府，築砲台，建反射爐，鑄造槍砲。天保十二年又設弘道館，鼓吹尊王攘夷思想。

土佐藩　這藩是藩雄之一。德川家康統一群雄，把原來占據土佐的元親父子殺了，把這塊地封給山內一豐，傳數代後，竟變成反幕的中心。

以上諸藩，可以說是最能左右政局的力量。

參勤的弊害

德川幕府成立約兩百年之後，種種破綻便發生了。最初家康翦除群雄的時候，是用招降的方法，而不是使用武力來消滅對方。他所用的策略可以算是比較溫和的一種。祇要對方肯聽命肯投降，便放他們自由。他們依然可以領有原來的土地，收取田賦的百分之四十到六十，不過家康規定他們每年一定要定期到江戶來參見一次。在江戶需要有一所邸宅，自己的親人必須住在江戶。這個條件在當時覺得很輕鬆，很多大名還在江戶很高興地築起豪華的高樓大廈，以誇耀自己的豪富，所以在江戶有不少美輪美奐的房屋點綴市容。不過經過兩百年，這一制度導致了經濟上的破產。參勤制度需要很大的旅費。在江戶居住，日常開支維持修繕等費用非常龐大，而每年的收入卻減少。自從發明了貨幣之後，農民紛紛改行。他們不願耕田而轉去經營物品的交易，變成商人了。這批人由於貨幣易於流通和堆積，很快成為富人，而昔日靠田賦收入的地主逐漸式微，反而要向商家借貸起來。同時這些大名向來不知節儉，花用慣了，結果所有的大名都負債累累，財政困難，不能不向幕府求救了。

這時日本接到鴉片戰爭中國大敗的消息，已經十分恐懼。恰巧美國軍艦莫利遜號又在江戶海灣外騷擾，放了兩次砲，威力之大，使得幕府官員不知所措。而大鹽平八郎又在大阪作亂。這眞正是一個很堪憂慮的內憂外患時代。這時幕府的最高長官是水野忠邦。他是水野藩的藩主。十九歲就承他父親之後，管理藩政，非常有成績。他實行了很多改革，瀕於破產的藩財政，被他挽救過來。幕府風聞他的才能，請他來幕府先任奏者番的要職。然後慢慢升上來，終於做到幕府最高官「老中」。他於是開始執行改革計畫。在實行之前，先上書給四十八歲的將軍家慶說道：「今天的時勢已經十分嚴重，有如病人已入膏肓，不用劇烈的藥不能恢復健康。不過必然會有副作用。市面蕭條商人離散等現象會因此而產生。但如改革能成功的話，起碼能有三四十年的安泰日子。」

家慶同意改革。於是忠邦第一件事就乘大御所家齊去世的機會，先把三佞人罷免了。家齊的寵妾美代也命她出府。接著開始實行節約和掃除賄賂風氣，一切娛樂事業停止，連戲都不許上演。他的改革收到一時效果，但因爲太過嚴厲，民眾多有怨言，物價雖然在改革期間一度下降，但改革失敗立刻又回漲了。這樣的改革實行了三年，老百姓實在受不了。商人尤其苦惱，他們的情緒反映到將軍，將軍祇好借題發揮，說忠邦開鑿印旛沼失敗，把他免職了。水野忠邦可以算是幕府最後一個主張改革者，可惜他的方法太激烈，不能見容於大眾。過了半年幕府又起用了他，命他負責外交問題。這時正當鴉片戰爭之後，爲了避免與洋人衝突，採取了柔軟方針，因此他在憂悶之中，與世長辭了。

培里爲什麼要到日本來

培里怎麼會看中日本，遠涉重洋帶領船艦來訪呢？是因爲他讀到一本書，一位德國醫生「西博露特」寫的，內容很詳細，將日本山川、文物、出產、人種，描寫得非常清楚，不由得培里動了好奇心，親自來探看這塊處女地。

西博露特是一七九六年生，一八二二年任荷蘭東印度的軍醫。荷蘭爲使這塊殖民地的經濟活潑繁榮起來，計畫開闢和日本之間的貿易。荷蘭與日本向來交好，不過對日本的國情因爲鎖國的關係，還須好好地調查，所以派了年輕的西博露特到長崎，以軍醫的名義駐長崎外出島的地方，一面行醫一面考察日本的國土、制度、國民性、地理物產。西氏的人緣很好，靠他精湛的醫學知識贏得了不少日本友人，很多日本人那時已懂荷蘭文，蘭學已經占有了很廣大的地位，而德文又與荷文極相似，所以在語言方面西氏和日本人之間，毫無隔閡。因此他不但與當地的奉行有很深的友誼，並且結交了很多朋友。由於長崎奉行的好意，特地為他造了一所茅舍，允許他招收學徒，傳授各種科學。

鎖國時期的日本嚴禁外來思想進入日本國土，祇有一本《解體新書》，算是了不起的大開眼界的新知識，而這書已是半世紀前翻譯出來的古老作品。所以西氏講授的各種學問，在當時認為非常珍貴，西氏的名氣也愈來愈高了。

他的學生遍及全國，大約共計五十多人，其中優秀門人的著作流傳後世的有美馬順三的《日本產科問答》，高良齋的《日本疾病志》，和美馬與其他學生共同譯著的《灸法略說》等有關醫學的書籍。但除此之外，他們還寫了很多與醫學無關的書，如《茶樹的栽培法和茶的製法》、《製鹽法》和《獵鯨記》等，西氏自己則完全集中在寫一本大著《日本》。

這本書有插圖，也有地圖，就因為地圖的原因，發生了誤會。

地圖出了事

一八〇四年幕府令高橋景保繪製一張世界地圖。當時沒有地理情報，繪製世界地圖祇有憑想像，不過碰巧西氏有一張「克魯然許得侖」新出的地圖。高橋聞悉想借來抄襲，剛好西氏也想要蝦夷、樺太兩島的地圖，於是建議兩方交換。哪知保有兩島地圖的人間宮林藏將此事報告幕府，於是興起大獄。西氏被長崎的奉行嚴鞫之後驅逐出境。高橋死於獄中。

西氏寫的書《日本》是介紹日本的好書，不但是當時唯一的大作品，也是流傳到今天的不朽之作。培里得見此書時出版還不太久，認爲是獨得之秘，要在英法兩國之先，開拓這尚在鎖國時期的處女地。

現在離西氏的時代快要兩百年了，沒有想到當時這塊被人喚作處女地的日本，已經經過了強盛時代，一度瀕於滅亡又復興起來了。

水野忠邦死後不久，將軍家慶也病重。他在病榻上獲知美國黑船來了，培里將軍率領四艘鐵甲船，要求通商，竟爾不知所措，驚悸而亡。享年六十一歲。

幕府慌了手腳，暫時秘不發喪，專心研究如何對付培里。這時主持外交交涉事務的是老中阿部正弘。他不敢作主。因爲是第一次對外交涉，需要愼重考量，他通告了朝廷及各藩。從此幕府所有對外交涉事宜，都不敢獨斷獨行了。

正在不知如何應付培里時，忽然長崎的奉行又報告有俄國軍艦四艘，也來要求通商。人民聞悉，驚慌得不得了。家慶死了已經一個多月，不能長遠保密下去，既不能隱瞞將軍已逝世，又不能安定人心，索性將將軍的死訊公布出來，繼任人選也一併發布。

第十三代將軍家定

幕府在家慶諸子中推選了家定爲後繼人，成爲第十三代將軍。他是家慶第四子，生來體弱多病，不能處理政務，祇好由幕府中人代行，政令不免紛歧，於是民心浮動，社會呈現了極端不安。這時培里果然不爽前約，又率領了七艘軍艦來到江戶，要求通商及締結親善條約。這是青天霹靂。日本從來沒有和外國有過類似的交涉。培里的態度非常強硬，堅決不肯接受日本政府指定的港口長崎作爲通商處所。他要求神奈川。日本沒有法子，祇好允許以下田和函館兩個地方爲開港之區。日本實行了兩百多年的鎖國政策，至此結束，培里認爲任務達成，巡視了兩個新港口後，歡天喜地的回航了。至於那四艘俄國船，也因爲和土耳其開戰的關係，倉皇地回去了。

美國黑船培里將軍來的時候，幕府正當一個人事轉換期。白白胖胖的阿部正弘，以二十六歲的青年，就坐上首席老中之位。他本來是福山藩主伊勢守，頗有政聲。雖然年輕，但極老成，是一個與松平定信相比的人物。他能和死硬派的攘夷主義者德川齊昭相處得很好。在這激動的時代裡，他還能一點一滴地改革幕政，眞可以說是難能可貴了。他起用了攘夷論者的急先鋒德川齊昭，緩和了攘夷者的激烈論調。他讓位給堀田正睦，寧可做堀田的下手。這樣他容易和雄藩聯絡感情，並且因爲堀田是個有名的開國論者，恰巧和齊昭的主張不同。由他來做首席老中之後，幕府的政策跟著他走，齊昭便等於一個木偶了。阿部還很愛才。他幼時就和薩摩藩島津齊彬相交，知道他很有才華。及至兩人長大之後，都有了事業名位，齊彬有機會做藩主，但是藩裡人反對時，阿部在幕府幫了他一次大忙，使他坐上藩主的寶座。其後又替他的養女作媒，讓她做了將軍的妾室，緊密了和幕府之間的關係，也加強了幕府的力量，便於一致對外。他還由監牢裡釋放了一名西洋砲術專家高島秋帆，命他鑄造大砲，成爲幕府洋式大砲的教授。勝海舟也是他從貧苦中提拔起來的專家，是後來維新時代立了大功的人物。日本近代武器的發展和介紹，也是他最先開創的。江戶的大砲鑄造所是他創辦的。勝海舟操縱的咸臨丸是他由荷蘭買來的。總之近代的軍事裝備幾乎全部是他開始籌畫的。

他很想知道民間才智之士還有沒有退敵之術。他對於各地的藩主已經領教過，大都不出幕府的想法，唯獨沒有徵求過知識分子的意見。日本自古以來，階級觀念很重，向來庶民不能問政。讀書人對國是有特殊的看法時，祇能用詩歌表示自己的意見。阿部現在打破千年來的限制，是一大改革。這一開放之後，人才輩出。阿部還做了一項前所未有的事，即錄用諸侯手下家臣。他在海防局裡設一處，專門聘請諸藩裡有學識的人。通曉外情的蘭學者、兵學者、砲術家都網羅在內。阿部這一決定，使得各藩的藩士都能一展所長。由於他的獎勵，各種學術都澎湃起來，不但科學受其賜，連人文科學也一樣發達起來。尤其在各藩的藩士中，產生了尊王討幕思想，幕府的喪鐘響起來了。

他的好友薩摩的齊彬也是西洋科學的崇信者。他自幼就喜歡研究物理化學，當了藩主之後，在藩的花園裡，造了一所製煉所，第二年又造了一個反射爐，還到肥前藩那裡去學如何造大砲。所以那時日本各藩都已經分別在鑄造近代槍砲了。

在中國這時太平天國已經成立了五年。南京被他們占據做了國都。小刀會占領了上海。軟弱的咸豐帝正不知所措的時候，一個丁憂在鄉的讀書人曾國藩組織了湘勇，將太平天國攻勢阻擋住，清廷才有了喘息復甦的機會。小刀會撤離了上海。北伐的長毛也被打垮，清廷偏安的局面算是穩定了，哪裡再有閒工夫來和日本一樣建立反射爐。所以從西曆一八五〇年代開始，中國模仿西方文化就已經不如日本了。

德川齊昭態度的轉變

和培里交涉的時候，持最強硬態度的是水戶藩主德川齊昭。他是光圀之後，在幕府裡地位很高，平時注意武備，製造槍砲，很有不惜一戰的決心。不過盱衡了當時的形勢，明白了這時還是不能不屈服。他於是上了說帖給幕府的首席老中阿部正弘，舉了十大理由，說明了現勢非與美訂交不可，最後說道：「現天下太平日久，戰難而和易，爲今之計，宜以備戰之心，作言和之實。」這與幕府的意見完全一致，幕府於是免了他交涉大員。後來繼嗣問題發生，幕府藉機說他的屬員受他影響，全是尊王攘夷人物，命他家居。齊昭年歲已老邁，又是德川族人，爲朝野所仰望的貴胄，他都反幕，可知幕府的命運是有限了。

慶福與慶喜之爭

家定從小身體羸弱，資質也庸愚，幾次結婚都生不出子嗣來，年歲也已過了三十。幕府群臣免不了要著急，預備他的後繼人物，而這後繼者應該是誰，很費周章。在德川三家中要選一位，最親近家定的是堂弟慶福，不過他衹有十二歲。如果請他來輔佐將軍，決斷朝政大事，是絕對辦不到的。另外的一位是德川齊昭的小兒子慶喜。他比慶福大九歲，是個二十多歲的青年，論人品論學識都非常優秀，氣度也好，不過幕府中人對齊昭有偏見，對他的兒子免不了也有顧忌，薩摩藩主島津齊彬有個養女，是將軍的妾侍，卻很熱心想說通將軍，來擁立慶喜。不過將軍的正室很討厭老齊昭，對他的兒子也無好感，於是形成了兩派。兩派之間暗鬥非常激烈。齊彬派他手下謀士西鄉隆盛到江戶，暗地裡遊說將軍正室，但沒有成功。齊彬不死心，再活動朝中的兩位大臣，推舉慶喜為將軍。於是這件事驚動了天皇。這時早已不是純孝的光格天皇當位，由他的孫子繼位爲孝明天皇。天皇也贊成慶喜，諸大臣也一致認爲立長是應該。

朝中的大臣是怎麼樣的一班人呢？他們全是世襲達官貴人的後胤，總共有一百三十七家，全部靠天皇津貼爲生。朝廷的收入每月除三萬石米外，另有五萬兩現金收入。除了天皇一家外，尚須分給這一百三十七家。其窮困可知了。一百三十七家內，五攝政家較爲寬裕。如近衛家，可分得二千八百六十石米，一條、九條各千七百二十八石，鷹司家千五百石。

公卿中最有實力的是岩倉具視。他的生活也在極端困難中。他甚至於不能不將他空餘的房間租給賭徒，以維持生活。

但他們生活雖苦，由於尊王攘夷的呼聲日高，天皇的威嚴也被尊重，他們是天皇的近臣，自然而然也被尊重起來。同時參政的野心也油然而生了。

這時主持幕府政策的是兩位老中。一位老中是備中守堀田正睦。他以前已經任過老中，這次重作馮婦，是想運動天皇左右，勸天皇不要堅持反對與美訂約。另一位是阿部正弘。兩位老中都知道現實上已不能唱高調，攘夷已不可能，祇能徐圖自強了。

但就在這時期美方強迫日本訂商約，幕府不敢不應允簽署。天皇聞悉此事大怒。這是天皇第一次表示意見，在尊王思想正高昂的時候，幕府哪能不認錯，錯是認了。但爲了保持顏面與顧全實際情形，幕府還是發表了慶福爲將軍的後嗣。

日本終於和美國訂約

強迫日本訂商約的人，是美國總領事哈利斯。哈利斯原本是商人，但因經營不善，改業爲外交官，初任寧波的領事，後升任駐日本總領事，先駐下田，後進入江戶。他以爲日本的元首是將軍，向家定遞了美國總統的國書。哈利斯還會見了老中堀田正睦，勸說日本不該採取鎖國政策，不合時宜，唯有貿易才能富國強兵。他並且強調美國和英國不同。美國是採和平互惠主義，絕不出售害人的鴉片。日本只要有所需求，美國全能供應。應趁英國尚未對日本下手之前，先與美國簽訂條約，可保安全。他的要求日本終於答應下來。條約有三項要點：

一、派駐公使。

二、自由貿易。

三、開放港口。

這三條要求，完全是友好親善的表示，毫無威脅之意。不過在幕府的官員眼中看來，就不免狐疑。在長年攘夷思想下對洋人的不信，以及中國所經歷的苦難，使得幕府的官員不能不慎重。是不是會中了洋人的圈套而喪權辱國呢？他們因此對哈利斯採取了推拖政策，不予回答。經過一個多月的等待，哈利斯得不到任何覆音。他不耐煩，憑他的砲艦不客氣地發砲了。在砲火的威脅下，堀田祇好屈服，應允二度和他見面，並派員與他協商。哈利斯將所起草的條約交給幕府，強迫同意。幕府躊躇了一個月後，終於簽訂了一個臨時草約。

吉田松陰

美國的黑船很意外地激起了日本知識分子的愛國思想。民族主義本來在世界各國都發生得很晚。日本當時尤其不是一個完整的統一局面的國家，愛國思想似乎很難產生，但卻產生了一位學者吉田松陰，明顯地以身示範，來表現什麼才是愛國。

吉田松陰是長州的一個藩士，家學淵源，從小精於漢學，尤喜《孟子》及研究兵學。十八歲時，長州藩藩主奉幕府之命，注意海防。長州近海，培里有再來的諾言，不能不防備他在附近登陸。吉田到了江戶，有人送他一幅「坤輿圖識」，是世界地圖。他方才知道世界有多大，使得他眼界大開，知道歐洲諸國正在侵略亞洲。英法兩個正在蠶食印度。用鴉片來削弱中國。很快的，他們將要伸出魔手來對付日本了。年輕的吉田松陰已經了解那不是一個藩的問題，而是整個日本將要遭到鯨吞或蠶食了。所以他開始周遊各藩，訪問各地英才，傾向於研究洋學。造船術及大砲鑄造法都在他研究範圍之內。觀察的結果，他認爲船艦的優劣、槍砲的威猛不如西洋，應該向西洋學習。但是有關大義，則應該有獨特的見解。他說：「天下是天朝的天下，非幕府之能私有。故天下之內，如受外夷之侵侮，幕府應率天下諸侯群起雪恥，以慰宸襟。如此豈非稱爲普天率土之人所應爲耶？」很明顯的，在他心目中，祇有天皇而不再有幕府。更有一回，他和藩的大儒山縣太華論爲臣。太華說道：「普天率土莫非王臣是松陰之所信。而普天率土莫非幕臣是太華之所信也。」松陰聽罷大怒，馬上回道：「對天子橫議，對武臣附塗，老先生眞喪心病狂矣。悖謬乖戾，毫無忌憚，膚淺之至，不堪愍笑。」

後來井伊直弼沒有得到天皇的敕許，竟獨斷地和美方訂了商約。尊王攘夷的松陰怒極說道：「幕府未奉到敕許，也沒有和諸侯商量，竟擅自做了主張，獨斷獨行，簽了約，還要巧言奸辭地文過飾非。幕府違敕之罪，不很明白麼？」心狠手辣的井伊大老，當然不能容忍一個小小藩士這樣批評幕府，於是將他下獄，在安政大獄中判了死罪，殺了頭。

在刑場他寫了一首絕命詩道：

吾今爲國死　死不負君親
悠悠天地事　鑑照在明神

吉田松陰給日本讀書人很大的衝擊。他的慷慨赴義，使得當時的知識分子恍然大悟。幕府是僭越者，天皇才是眞正的元首。從此不再盲從幕府了。

吉田松陰是死了，但他弟子很多是名人。在討幕鬥爭裡出了很大力的高杉晉作以及久坂玄瑞，都能名留千古。

十二歲的慶福膺選爲將軍的繼承人後不久，將軍家定便死了。幕府雖然不得已勉強簽訂了美日商約，但反對的聲浪非常高，不能不焦頭爛額來應付這極困難的局面。天皇的詔敕讓水戶侯轉飭幕府反對美日商約。天皇說朕現在不能不對此事負責，如果還戀棧皇位，則不啻污辱聖跡。朕決心退位，由七歲的祐宮承繼。如嫌他太小，則交給伏見或有栖川親王均可。這等於替幕府負了簽約的責任而下詔罪己。幕府裡最應負責的人是大老井伊直弼。他懷疑這都是水戶老侯耍的花樣。他雖然不敢對天皇有任何不敬，但對其他人則大興寃獄。大臣仍命他們辭官，藩主們則軟禁在家，平民則殺頭。其中有不少知名之士，如賴山陽之子，如吉田松陰，他的絕命詩至今還膾炙人口。志士之中逃脫的有西鄉隆盛。他改名換姓，渡海躲到一個小島裡去，待了三年才算脫離大難。井伊殺了許多人之後，一不作二不休，跟水戶派的人大幹起來。幕府人多勢眾當然占了上風。水戶派沒有辦法祇好轉入地下。他們組織了暗殺隊，在萬延元年的三月初三起事，那時雖然已是初春天氣，但是餘寒尚在，天降大雪，櫻田門外一片銀白。井伊坐著轎子由護衛簇擁扈送前來櫻田門外上班。這時忽然由四周民房裡衝出幾條漢子，拿著手槍及武士刀，走上前去做要告御狀的樣子。近前數步後便拔出刀槍，朝轎子攻打，登時情況大亂。轎夫棄轎逃走。井伊不及逃生，不幸被砍了頭顱，一代偉人就這樣死了。

井伊本來是彥根藩藩主，繼兄直亮之後任幕府掃部頭之職，安政五年出任家定將軍的大老。他受了兩面夾攻，很難做人，一面是美國強迫訂商約，一面是被鎖港和攘夷論束縛。他在兩者之間不能不遷就事實，未和美國訂約，在再三推託之後，才勉強簽訂了一個臨時條約。

但又因爲他沒有受到敕許，就作了主，很爲世人所不諒。繼嗣問題發生後，水戶的藩士又秘密上京活動公卿，來擁護慶喜，並且得到天皇的密敕。他大驚，不能不馬上把這班人處刑，釀成了所謂的安政大獄。

史家批評井伊不是奸壞，他簽訂通商條約是時勢所逼，殺了很多志士是他對幕府的一片愚忠。他死後幕府也快完了。

才十二歲的慶福做了將軍之後，改名爲家茂。這時井伊還沒有被刺。他簽訂了美日通商條約之後，一連串諸外國都來要求訂約，幕府不能不答應。於是人民大譁，使得尊王攘夷派大爲得勢。他們有的計畫去反幕，有的去研究造船造大砲，促使日本近代化，尊王攘夷派最有名的人物是勝海舟。他奉幕府命，乘一艘軍艦咸臨丸——祇有一百馬力的小舟；乘風破浪橫渡太平洋，到達了美國桑港。雖然船已經破爛不堪，但這是亞洲人第一次乘船自己操縱安全到達目的地。這時在中國是什麼情形呢？

清廷也開始衰敗

清廷在嘉慶皇帝治下，除了鬧了將近十年的白蓮教之亂外，受到康熙乾隆的餘蔭，做了二十五年的太平天子後駕崩，傳位給兒子道光皇帝。由於承平日久，一切不免怠惰散漫，官吏明目張膽地收受賄賂，不過還不至於破壞先人的典章文物，仍然可以稱得上是亞洲的文明大國。唯獨在閭里之中，出現了一種奇特嗜好在流行，是英國商人由印度運來的鴉片。據說吸食之後，可以延年益壽。有人試吸，果然精神煥發，生機百倍，於是爭相購吸，成爲家家戶戶必不可少的日用品。不過鴉片吸食多了會上癮，就離不開它，如果不繼續吸用，就會渾身疲軟，四肢無力，眼淚鼻涕流個不止，像久病之身。鴉片是由罌粟花的花子提煉出濃濃的汁，搓揉成球，再在微火上化開變軟，就一呼吸盡，吸食後能發生很多遐想，癮者一榻橫陳，慢慢享受它的香味，豈非天上人間。誰能想到這印度來的長壽膏，會有損健康。

按鴉片早在唐朝就爲我宮廷所習用，不過當時交通不便，偶爾一艘土耳其船冒萬險、涉波濤，帶來些許，視爲珍品，所以售價極高，祇有最富有階層的人才買得起，其價往往與黃金等值，因此社會上知道有鴉片的人甚少，也不會知道它能毒害生命，更不相信它能致人於死。

可是到了清朝的嘉慶年間，海運大開，尤其印度距離中國不知比土耳其要近多少，可以說是方便之極。英國東印度公司哪能錯過這良好機會，於是將印度出產的鴉片，一箱一箱地運銷到中國來。

英國人也明知道把鴉片輸出到中國去，是一件不道德、極可恥的行爲，不過糊塗又愚蠢的中國佬既然不顧自己的健康，願意拿出白花花的銀子，來換取這戕害生命的毒品，也祇好由他發展下去了。於是嘉慶二十一年銷到中國的鴉片約爲三千多箱，值銀圓三百多萬。到了道光七年，鴉片的輸入已經達到九千多箱，值銀圓一千多萬。再過十年，鴉片的輸入已達兩萬多箱，値銀圓兩千多萬。鴉片這樣大量湧進，產生了非常可怕的後果，本來已經頹廢的社會更加頹廢，舉國上下變成沒有生氣的場所。原來就精貴的白銀，現在不斷外流，掀起了空前的銀荒。明眼人見此情形焉能不急，林則徐那時任江蘇巡撫，他說：「鴉片以土易銀，直可謂之謀財害命。」謀財害命四字形容鴉片之害，再恰當不過，再過了幾年他升任湖廣總督時，在奏摺中他又論道：「此法不嚴，則數十年後，無可用之兵，無可籌之餉。」道光帝雖非明君，但因爲自身曾經上過當，知道此物厲害，所以深以林的話爲然。在道光十八年，由於鴻臚寺卿黃爵滋的奏摺「請嚴塞漏卮以培國本」一篇名文後，才認眞地禁鴉片進口。禁鴉片進口，行之已久，不過進口地點在廣東。歷年駐廣東的官吏無有不收賄賂的，而負責幫同銷貨的行商，無有不爲虎作倀，所以名爲禁，實際上是代銷。並有很多外人替英國商人奔走、行賄，認爲中國官吏無有不見錢眼開，一切法令都可以通融。

清廷禁煙

道光帝對黃爵滋的奏摺非常欣賞，尤其贊成他建議凡吸食鴉片者處以死刑，於是將該奏摺發交各封疆大員，要他們做如何的反應，再做審愼的處置。一方面爲了釜底抽薪之計，祇有令湖廣總督林則徐來陛見，面授機宜，命令他禁絕鴉片。林到廣州第一件事，就是在虎門將大批的鴉片燒毀。此後他恩威並施，使得各國商人都折服，具結寫道：「永不敢以鴉片帶來中國」，然後他再運用以夷制夷的策略，分化英國人的意見。本來英國人很多不贊成以鴉片來害中國的，祇因爲中國人不辨好惡，又有多金，貪圖逸豫，懶惰，不想上進，所以就樂得袖手旁觀。現在既然有中國官吏出面不准銷售，當然也就附和起來，主持公道，指摘商人無行了。但是利欲畢竟戰勝道德，英商有總領事做護符，依然從事鴉片的走私行徑，卻也被林則徐防範嚴密，皆不得逞。英方沒有辦法，唯有訴諸武力。林則徐早有準備，由英國買來一艘砲艦名坎布里奇，將英方的船艦全部擊沉。戰釁既開，英方決定派遣最強大的「東方遠征艦隊」東來。不過來了之後，並不攻打廣東，反向北急駛，很快攻下定海，準備進犯天津。道光帝知道天津的防務薄弱，無法以武力對抗，祇有開關談判的一法。

投降的後果，爲了安撫英國，只有諉罪林則徐，不該禁鴉片，將他革職。從此大勢已去，無一是處，鴉片大行其道於中國，清廷也因此而亡了，這就是此次戰爭的結果，大清帝國首次對外戰敗，這時已是道光二十二年了，西曆一八四二年。

消息傳到日本，掀起了很大的震撼。大清帝國的八旗勁旅，一向以驍勇善戰著稱，現在竟顯得畏葸不前，證明洋人不但武力強盛，並且他們的商品可能都有毒害，所以千萬不能答應與他們通商貿易，成爲幕府堅守的信條。

鴉片戰爭後，清廷的威望大減，並且由於鴉片的橫流，弄得民窮財盡，個個成爲病夫，八年後，太平天國之亂崛起了。

公武聯姻

清廷官兵正與太平天國長毛匪徒作殊死戰時，在日本，一晃眼家茂已經十五歲，幕府群臣爲了想減低人民反幕的情緒，計畫與皇室聯姻來緩和，恰巧這時孝明天皇的妹妹和宮也是十五歲，未婚，可以和家茂結爲連理，於是向皇室求婚。但是和宮早就與有栖川宮訂了婚，一時無法應允，拗不過幕府方面的再三懇求，皇室不得已答應，雖然免不了一肚子委屈，還是不能不在政略婚姻下屈服。家茂同和宮結婚後，幕府漸漸同皇室親密起來，號稱公武一體，公是皇室，武是幕府，不再對立了。

不過擁護公武一體的人雖然不少，但是秘密反對的人也很多。在下關有一位非常有錢的豪商名白石，喜歡豢養四方對國事有意見的志士。他有一所很大的邸宅，供來客使用。於是四方來人趨之若鶩，登在簽名簿上的人，在日本兩百多藩裡，長州和薩摩兩藩來的人，多至四十六名。其他筑前十四，土佐十二，久留米十一，以下肥後、安芸、秋月、大村、岡等都有人來。這班志士各人有各人的意見，不相統率。白石本人豢養這批志士的目的，除了興趣之外，他還可以得知各地的經濟情況，由志士的口中得到最確實的消息，容易操縱市場。到了文久二年，西曆一八六二年，來到白石家的客人愈來愈多。薩摩有大久保利通、西鄉隆盛、奈良原喜八郎，筑前有平野國臣，長州有久坂玄瑞，土佐有吉村寅太郎。這些好漢後來在維新政府裡，很多都顯了身手。

薩摩老藩主齊彬已故。他的兄弟島津久光本和志士們有聯繫。他了解這批志士們的思想非常複雜，很想統一各方的意見，到公武合體，完成他兄長齊彬的遺志。於是他率了一千士卒東上。

久光是頑固的攘夷論者，不過他並不想推翻幕府，與那些志士的想法不同。志士們認爲攘夷非貫徹不可，不得已時犧牲幕府，在所不惜。這個想法和久光的想法，是截然兩回事。久光偵知志士們將有異圖，他於是率領半數藩兵，住進在大阪的藩邸，預備鎭壓志士們。幾天後他到了京都，晉謁天皇，上了條陳，並且拿到天皇鎭壓浪士的詔敕。

果然不出久光之所料，志士們確有謀反企圖。久光派奈良原喜八郎等八人，去勸說有異圖的志士不要走極端，不料一言不合，竟拔刀相向，廝殺起來。結果志士之中，六人被殺，兩人重傷，一人自刎。重傷的兩人，到第二天也命他們剖腹了。出事的地方是薩藩的船塢寺田屋，所以這件案子就取名寺田屋之亂。

久光平定了寺田屋之亂後，名聲大起。公武一體運動，成爲公認的正當方向。於是久光更進一步要求幕府實行下列改革措施，共三條：

一、將軍應該率領大名（即諸侯），到京都（上洛）陛見天皇，共同討論國是。

二、任命沿海五大藩（薩摩、長州、土佐、仙台、加賀）藩主爲五大老，參與國政，充實武備，以實行攘夷政策。

三、任命慶喜爲將軍之輔佐，松平慶永爲大老。

可惜幕府沒有時間考慮這些，祇能糊裡糊塗地依了他。

幕府採納了久光的意見之後，他興高采烈地取道回藩了。不料卻發生一件極其不愉快的事件。

生麥事件

文久二年八月裡，四個英國人從香港來日本避暑，四人之中有一位是女人，他們乘星期天騎馬郊遊，有人關照他們叫他們小心，這四人說：「不要緊，我們有信心，跟亞洲人相處慣了，知道他們的習性，不用怕。」他們從橫濱出發，行不多遠，不巧迎面來了一隊藩主的行列，是島津久光由江戶回藩路過生麥村，這一行列浩浩蕩蕩有數十人之眾。四個英國人閃在一旁讓行列走過，但四人中爲首的一匹馬的馬頭還是碰到行列中人，於是行列中武士不由分說，拔出刀來，便將騎馬的人李查孫殺死，其他兩位男士也都在背上挨了刀，幸好逃得快，沒有送命。剩下的布羅代兒夫人無恙，回到了原地，後來就稱該事件爲生麥事件。英方大怒，馬上派了八艘大型軍艦來，要求謝罪並賠償十萬鎊，幕府無奈，衹得照付，並令凶手引咎辭職，但是英方不肯，還是要求懲凶，他們直接去和薩摩藩交涉，幕府不准，英方就在第二年的六月派了七艘軍艦到鹿兒島逮捕凶犯，將他處死，還索賠二萬五千鎊，薩摩藩當然不肯，交涉良久，英方不耐，將藩屬的船天祐丸外三條船捕獲，並破壞所有的砲台，鹿兒島城也受了損，不過英方也受了重創，旗艦不得不退出戰場，回到橫濱。英方發覺日本民氣不可侮，與中國不同，就不再追究了，僅僅要了二萬五千鎊由幕府代墊，就這樣結案了。

在島津久光歸途中發生了生麥事件，雖然激怒了英國，但是大快日本的攘夷人心，久光也有了光彩。不過寺田屋事件得罪了思想過激的志士，使得公武一體運動大受打擊。久光不免失望，怏怏回藩。他歸藩之後，公武一體運動缺少了主持人，反過來激進派變得很囂張。

天誅流行

本來日本人天生就有嗜殺的一面，不過往古文風很盛，一般平民都不許帶武器，所以凶殺事件很少見。但是自從武士有了刀之後，形勢就不同了。再加上攘夷思想的激烈作風，殺人變成平常事。這時恐怖潮流風行，對公武一體人士將有不利的行動。被人稱爲四奸二嬪的人，如岩倉具視、千種有父、富小路敬直、久我建通，女官如今城重子、堀河紀子等祇好辭官，隱名變姓躲起來，以免被害。但是還是不免有人被殺。九條關白的家臣島田左近是公武合體派。有一天，忽然被砍了頭。島田左近是個人緣很壞的人。殺他的是薩摩藩士田中新兵衛，官府沒有治他罪，反而因此出了大鋒頭，都認爲他執行了天誅。於是天誅就大流行起來，死了很多人。

長州藩的藩主毛利慶親和他的兒子定廣都到了京都。長州藩和土佐藩的動向，很自然地掌握了尊攘派的指導權。定廣為了要幫助敕使大原重德，又轉到了江戶。因此長州藩和薩摩藩的島津久光，很顯然已經不是地方官，而是干預中央政治的大員了。土佐藩也不甘落後。不過他們是佐幕派，和薩、長站在相反的立場。此外還有仙台、肥後、筑前諸藩動向也不能輕視。他們大概都傾向於效忠朝廷，雖然周旋於公武合體上，但是很明顯的袒護天皇這一面。

自從天誅聲明要對付岩倉具視，他不能不躲起來之後，少壯派的公卿三條實美就成為宮廷裡的中心人物。天皇此時要敕令幕府執行攘夷政策，大家公推三條美實為敕使。三條奉命之後，為了要表示鄭重起見，故意擺架子。京都到江戶的旅程，最多十二、三天可到，他緩緩而行，走了十七天。幕府奉到了敕命，一時不知所措。既怕諸外國，又不敢得罪天皇。正巧這時有一批過激派的志士，因為英國使館占據了一塊靠海的風景區，蓋了房子，既破壞景觀，又不許閒人來賞花，激起眾怒。於是這批志士領頭，用一把大火將房子燒了。此舉不啻給幕府及長州藩和主張公武合體的人一個很大的打擊。英國當然把這燒房子的事算在幕府頭上，要求賠償。而幕府也祇能算是接奉了詔敕，完成了攘夷的行動，並且答應將軍親自來京都朝見天皇。三條實美任務完畢歸京。這時毛利慶親已經由天皇任命為參議，定廣受命任京都守護，和三條的關係愈來愈深了。

將軍被恐嚇及反幕思想的抬頭

文久三年的二月裡，將軍家茂到了京都。這時京都還在流布天誅，每天有人被殺。京都的等持院裡供奉著木雕像，刻的是足利朝三代最有威望的人物。這尊氏、義詮和義滿三座像都被砍了頭，並附了一塊大牌子，上書逆賊應該受天誅。這是由十多位志士想出來恐嚇將軍的，被京都的守護查出來，要把這幾位志士處死。但是朝廷和長州藩都來講情，祇好從寬處置了。從此，幕府的威信就減退了。

天誅流行之後，弄得社會上非常不安寧。幕府不能不管，最後想出了一個辦法，召集一批浪人武士，組織起一個警察力量，專門對付執行「天誅」的人。在將軍到達京都之前，先派這班人去警衛。他們住的地方是京都郊外壬生村，於是就號稱爲壬生武士。跟壬生武士一齊來的他們的首領清河八郎，有一天忽然召集大家說道：「我們雖然是受幕府的召請，來到京都，得到祿位，要我們存著尊王攘夷的大義。但是萬一幕府的官員做出違反皇命的事情來時，我們不應該對他們客氣，要拿出決心來譴責他們。」他這番話很明顯地有討幕思想。當初出主意組織警察力量的，原本就是清河八郎。幕府沒有弄清楚他的思想，所以才釀成了大錯。幕府知道他有討幕的意圖之後，恐怕會發生事情，馬不停蹄地假託，說是橫濱英國艦隊要鬧事，需要壬生武士趕快回江戶警戒。等清河八郎回到江戶之後，便將他解職，並將壬生武士改組。在三百人之中，祇留下二十四人，有的說是十五人，成立了新撰組，由近藤勇領頭。近藤勇很忠心，替幕府建立了很多功勳，殺了很多人，新撰組也犧牲了很多人。不過終因幕府的滅亡，也不能不被消滅。近藤勇在一次戰鬥中，被砍傷右肩，最後被捕，斬了首。

幕府實行了公武一體政策後，自以爲從此沒有人會批評他不尊重皇室了。但是恰恰相反，流言傳出說幕府是要挾公主篡奪皇位。於是在日本的西部京都一帶發生了寺田屋騷動，在東部，則在江戶的坂下門發生了不幸事件，有幾名志士不滿意幕府老中，把安藤刺傷，因爲他是公武一體的策畫人。幕府大驚，馬上闢謠，承認自己有錯。家茂又於文久三年的三月裡，率領各地藩主朝拜天皇，恢復了廢棄兩百多年的禮儀。第二年家茂再到京都，去賀茂參拜，好像公武一體政策相當成功。但是問題是在攘夷上。薩摩藩和英國之間的衝突剛剛擺平，長州還沒有受到教訓，全藩上下都在攘夷的氣氛中很順利地成立了奇兵隊。奇兵隊的創辦人是吉田松陰的弟子高杉晉作。爲什麼要叫作奇兵隊？是有別於薩藩的正規軍。無論什麼樣的人，祇要強壯拿得動武器，便可以入隊當兵。薩摩藩吃過虧，知道洋人的厲害，與其盲目的攘夷，不如先學他們的科技，得到眞髓之後再去攘夷，這便是薩摩志士暫時隱忍的態度。

破約攘夷

不過高高在上的孝明天皇還堅持著「破約攘夷」的原則。家茂爲了迎合聖意，在文久三年的五月，下令決心遵行「破約攘夷」政策。不過各藩奉到命令之後，都沒有實行的意向，唯獨長州起勁，先對美國艦船開了砲，繼續又對法國船、荷蘭船開砲，結果卻被人家打沉了兩條船，連砲台也被上陸的法國陸戰隊毀壞了。但是長州派吃了敗仗反而意氣揚揚，認爲祇有他們遵從了天皇的旨意，完成了「破約攘夷」大願。不過朝廷裡的意見忽然大有改變，認爲此事不妥，洋人一定會來報復。這種莽撞盲目的行爲祇能有害，而對大局無益，命令長州志士中止行動。志士們一腔熱血，受此打擊，心有未甘，大家決意帶了奇兵隊到京都請願。元治元年，志士們眞的帶了一部分軍隊東上，半路遇到了阻止他們的幕府軍，雙方於是開起火來。奇兵隊訓練不夠，連戰皆敗。志士死了很多，自殺的也很多。孝明天皇爲了保護皇宮，對那發砲的長州士兵發了追討令。幕府跟著也發布了征長令。長州志士現在變成舉國上下一致唾罵的「朝廷之敵」，他們氣極了。

而更糟的是四國聯合艦隊成立，由前年五月開始就計畫如何來報復。幾個留英的學生（內中有伊藤博文）打聽到四國即將發動攻擊，趕快回國報告。果然到了元治元年（西曆一八六四年）秋八月，十七艘船五千多兵攻來了。第一天就將砲台摧毀，上陸的陸戰隊把長州的幾門砲或毀或奪全解決了。奇兵隊雖然奮戰，但哪裡擋得住西洋的精銳槍砲，祇有敗下陣來投降，由幕府來替他們辦理善後，又付出了不少賠款。

長州志士經過這次的挫敗非常懊惱。一方面得罪了天皇，另一方面未能攘夷反而吃了敗辱。而最使他們不能平的，是幕府對他們的態度。命令他們解散奇兵隊，不能隨便持有武器，要絕對服從。他們的這股怨氣無處發洩，祇有向幕府發了。這種意見尤其在下層裡非常普遍。就在這情形下，幕府還發動了征長令，指揮了二十藩，命令他們集合十五萬大軍，威脅長州。如果不聽調度的話，就玉石俱焚。長州志士上層方面，祇有謝罪降伏。命令兩位家老切腹自殺，但是下層不服。征長軍的參謀西鄉隆盛看到長州藩裡有內訌，便命令全軍撤退。

改變攘夷想法

長州的內訌愈鬧愈大。奇兵隊的創始人高杉晉作在下關舉兵，馬上很多人都響應他。地方上的豪商也有來加入陣營的。科技專家更不用說，踴躍地貢獻他們的才學。西洋式的槍砲他們購自國外。薩、英戰後，薩方嘗到英軍武器的利害，就設法和英方接近，買他們的槍砲。長州志士很多看清楚了這點，也和英方取得聯繫，秘密和英方接觸，由英商那裡取得武器彈藥。高杉冷靜地思考後，又受了清廷鴉片之戰慘敗的教訓，知道盲目的攘夷沒有用，不如把國家治好，儲存國力才是上策。今天的長州正是醫治皇國疾病最好的工具。長州志士有了這樣的信念和裝備與支援，所以所向無敵，戰無不勝，攻無不克。他們的敵對方是誰？當然是幕府了。長州變成一股討幕的力量，幕府焉能容忍？於是發出第二次征伐長州的命令。將軍家茂也親自領軍由江戶出發，浩浩蕩蕩西上了。

幕府為了要加強自己的武備，早就向法國購買了新式的加農砲，這時也到了橫濱。幕府有了萬全的準備，想一鼓破敵。長州聽到消息之後，也積極設法購入武器。恰巧這時正是美國南北戰爭剛打完，槍砲都沒有用了，價錢便宜得很，有一個英國掮客，名叫格洛弗，一向和薩藩做生意，認為這是奇貨可居，有意向薩藩兜售。薩藩的流浪客坂本龍馬本來是勝海舟的部屬，在海軍訓練所服務，該所封閉後失業，不過因為他有航海的專門知識，常為好客的西鄉隆盛延請為座上客。西鄉在薩藩很有地位，也很想和長州接近，一時苦無機緣，這時既有格洛弗來兜售槍砲，何不轉讓給長州。不過要有人為兩藩拉縴，而此人正是坂本龍馬。兩藩從此由於運輸武器的關係，當然漸漸密切起來，成為莫逆之交了。於是兩藩結為同盟，由西鄉代表薩摩藩，木戶孝允代表長州藩，坂本做證人，雙方簽訂盟約六條。主要的幾條，全是對付幕府的。

幕府接到薩長聯盟的報告，當然一驚。不過相信早晚他們會降伏。將軍家茂把大本營設在大阪，靜靜等候長州前來投誠。不料長州居然絲毫沒有求饒的樣子，而朝廷之中卻議論紛紛，很多大臣都主張對長州不要太嚴厲，適可而止就行了。但是因為將軍也不肯親自來懇求天皇下詔，祇好由幕府請求天皇，天皇無奈頒發了征討長州的敕令。可是老百姓全不願意打仗，而各藩也對籌辦軍費感到十分困難，暗地裡反對再征長。因為拗於幕府的命令，祇好硬著頭皮跟著搖旗吶喊。就在萬分不願意的情形下，終於揭開戰爭的序幕。長州軍勇不可當，連戰連勝，從來沒有在自己藩內的土地上打過仗。唯獨一件不幸事件，是高杉病死了，死時才二十九歲。他的死，反而刺激了他一手創辦的奇兵隊，使得奇兵隊連建奇功。不過幕府軍究竟人多，沒有吃到致命的敗仗，兩軍在膠著的時候，忽然將軍家茂也死了。他才二十一歲，腳氣衝心，不治而亡，無後，卻留下了一個年輕的寡婦和子及無法收拾的征長問題。幕府陷入苦境，慌了手腳。

孝明天皇崩殂與新時代的開始

家茂逝世後五個月，孝明天皇以三十六歲的壯年，忽然也崩殂了。他染上了天花，病了不到二十天，便去世。謠言說他是被毒死。據英國公使館的館員傳出來的消息說：「天皇無論如何都不肯對外國人讓步，這樣就一定會導致幕府的崩壞。不管怎麼樣，朝廷裡的人預見一定會同外國衝突，所以他們不能不先除了天皇。」這是洋人的看法，不一定正確。不過天皇之死，對幕府還不能不說是一種打擊。

孝明天皇之後，承繼皇位的是十五歲的明治天皇。而這時將軍也推定了慶喜。慶喜原本就有承繼家定的希望，並且比家茂的人望還高，不過因爲他父親齊昭爲幕府所忌，大家怕他，所以連慶喜也怕在內。現在齊昭既已亡故，而一時又無人嗣位，當然慶喜是最適當的人選了。

這是一個新局面。慶喜掌政以後，很想有點作爲，本想親自完成征討長州的使命，正要啓行的時候，接到報告，說小倉已經被敵方攻陷了。小倉是咽喉地帶，落入敵手就無險可守了，不得已祇好遵奉朝廷之命休戰。慶喜於是派遣了勝海舟到廣島和長州言和。慶喜對勝海舟並無好感，祇因爲他口才好，和薩摩藩的人有交情，又可以與長州方面接近，除了他之外，無人有這麼好的條件。勝海舟到了廣島之後，與長州方面的代表廣澤井上等交涉，答應在幕府撤退的時候，長州兵不來追擊。慶喜再以天皇逝世爲理由，請朝廷出面命令雙方解兵，然後由幕府布告天下。「再征長」算是結束，這場戰爭也就這樣告一段落。

慶喜結束了再征長之後，就著手改革幕府。他起用了不少青年才俊，不論門閥、關係、地位，在當時的確是一種革命的舉動。他並且不顧一切，和法國公使「陸需」做朋友，言聽計從。法國那時正當拿破崙三世當政的時候，他努力向國外發展，「陸需」的各種援日計畫，也無有不從。慶喜聽從了「陸需」的建議，先組織了常備軍，一反舊日的編制，完全採取法國的辦法，連服裝裝束都改變，部隊都由法籍軍官訓練，最初訓練了步、騎、砲三兵種，總共一萬數千人。由於這常備軍的創設，整個幕府的機構不能不隨之改變。

慶喜聽從了陸需的建議，把國家的體制西洋化，成立了陸、海、內、外、財政、會計等部，再在其上設立一個總管樣的人物，就是後來的首相。爲了實行這種改革，幕府需要很多錢。法國慨然借給日本六百萬元，在當時是一個很大的數字。爲了償還這筆借款，幕府不能不將生絲的貿易全部交給法國。日法之間，經濟關係就非常密切起來。

幕府在慶喜積極整頓下，頗有復興的氣象，討幕派志士大爲緊張。岩倉具視批評慶喜說：「我觀察近時將軍慶喜的行動，發現他非常果斷，勇於擔當，其志似不在小，是不可輕視的強敵。」岩倉是討幕派的領袖，頗有政治家風度的人物。坂本龍馬也說，慶喜的作風與往日完全不同，十分奮發有爲，我們不能不小心。木戶孝允也說，現在政令一新，兵馬制度頗有可觀，慶喜的膽略不可輕侮，簡直是家康的再生了。

但是慶喜與法國走得太近，幾乎成爲法蘭西的保護國。英國因爲兜售武器的關係，和薩、長兩藩一直保持友好。可以說這時的日本，幾乎陷於半殖民地狀態，與中國當時的情形差不多，也受不平等條約的束縛。關稅也操在洋人手中，大規模的借款要付重息，也要延聘外籍軍事教官，還要受外籍顧問的指揮。至於外國軍隊的駐屯，是中國所無的。所以說日本的情形還不如中國。

中國的情形

這時在中國雖然還沒有外籍軍駐進來，但是已經不成爲一個完整自主的國家。清廷的道光帝，自從鴉片戰爭後，繼續做了幾年的窩囊皇帝，最後聽到長毛造反的消息，在懊惱悔恨中逝世了。繼他的是咸豐帝，一個更昏庸的君主，在位十一年。十一年當中不斷地和長毛匪鬥爭。長毛匪奪取了南京，自稱太平天國，清廷已經在覆亡的邊緣，幸而有曾國藩練了鄉勇，將局勢挽救過來，雖然沒有等到最後勝利，咸豐帝在凱歌聲中逝世，留下三位年輕的后妃和戰亂的國家。這三位后妃之中，有一位野心特別大，她仗著生過唯一的一個小王子，所以出奇地驕橫，先毒殺了和她爭寵的妃子，又用同一手法翦除了與她共同垂簾聽政十三年的慈安太后。這狠毒的婦人是誰？就是慈禧。由一八六一年開始她獨自執政，清廷在她手中，幾乎與她同時送了終。

曾國藩兄弟雖然剿滅了太平天國，但是國家的元氣究竟受了損，不過十幾年的鏖戰，除了鴉片戰爭是一場國際大戰，見識過眞正西洋近代武器外，捻匪和長毛都是國內的叛亂，所用的武器比較落伍古老，偶爾有洋人參加在內，亦不過祇是一現而已。所以我們雖然連年征討，但在武器的改良方面，沒有多大進步，和日本不同。日本所受到的是國際性戰爭的教訓。洋人所用的槍砲全是最新式的，並且那時不論幕府或是各藩，都講究刷新自身的裝備，與慈禧不同。一個祇想享受而不顧國家的人，焉能不亡？

幸而在同治五年，西曆一八六六年的十一月，中國誕生了一位救星——孫中山先生。

明治時代開始

十五歲的明治天皇雖然沖齡，但已經表現出過人的智慧，受宮中人一致地信服。大政奉還的呼聲一天比一天高起來。

如果把當時各方對政局的看法做如下的推定的話：

法國　是擁護幕府的。

英國　支持薩長、兩藩，如果幕府能與合作更好，對大政奉還也贊成。

美國荷蘭　無意見。

宮廷內的討幕派以岩倉具視爲中心，與王政復古派聯合。

王政復古派祇要幕府肯在形式上奉還政權就已經滿足。

佐幕派主張公武合體。

親幕派是慶喜的死黨。

親法派主張強化幕府。

長州藩反幕最力。

薩摩藩反幕，但也贊成大政奉還。

土佐藩主張大政奉還，但也不反對反幕。

芸州藩與上同。

宇和島藩及越前藩均與上同。

會津藩擁護幕府。

由上面的分析看來，土佐藩主張大政奉還最力。土佐藩的代表是山內豐信，山內有個心腹，名叫後藤象二郎，專門替他買軍艦，和坂本龍馬是朋友。有一次一同乘船由長崎回到京都，途中二人傾談國事，坂本很多意見，號稱船中八策。八策中最重要的幾點如下：一、政權由幕府歸還給朝廷，政令由朝廷發。二、設上下議政局。三、制訂憲法。四、人才登用。五、條約改訂。六、整頓海陸軍……後藤把它修改了一下，上下兩院的議長由將軍擔任，名義上由朝廷發號施令，實權還在將軍之手。山內對此案同意，就提出來稱爲大政奉還案。

大政奉還案

大政奉還的呼聲剛開始的時候，慶喜已經有了盤算。他想反正幕府現在需要改革，以配合法國方面的要求。法國雖然想強化幕府，但一時力不從心，進行得很慢，而各強藩正虎視眈眈，伺機而動。長州一藩已經對付得很吃力，如果各方都起來進攻，則毫無勝算了。所以不如虛與委蛇，假意同意大政奉還，徐圖再起，或者取實棄名，暫時放棄將軍之名，以觀後變。

山內提出的方案，遠比慶喜想像的要緩和得多。這方案似乎祇要慶喜做列藩會議的議長，其他對幕府的態度和要求似乎沒有多大的改變。慶喜的屬員和策士們則想因此可以大大地加強幕府的勢力，挾天皇以令諸侯。至於各外國的看法如何呢？英國大使最爲高興。他以爲從此幕府一切權限都轉移到天皇，日本將眞正成爲以朝廷爲中心的國家了。法國大使正在熱海度假，聽見這個大政奉還的消息馬上趕到江戶來。他非常驚訝，立刻召集會議，研判的結果認爲，對慶喜的名聲不會有太大的壞影響。如果天皇要議訂憲法，召集會議的話，議長必定是將軍。倘若有人反對，就立刻退席回到江戶，徐圖再起。如果起衝突的話，一定是將軍這面得勝。日本如果想近代化，則非將軍莫屬，這便是法國人的想法。

天皇的密敕

大政奉還案是相當緩和，與討幕派有很大的距離。堅持討幕的祇有長州藩，其餘的強藩都是兩面贊成，但這時忽然出現了密敕，是天皇的詔書，文曰：

源慶喜，藉累世之威，恃闔族之強，妄賊害忠良，數棄絕王命，遂矯先帝之詔而不懼，擠萬民於溝壑而不顧，罪惡所至，神州將傾覆焉。朕今為民父母，是賊而不討，何以上對先帝之靈，下報萬民之深讎哉。此朕之憂憤之所在，諒闇而不顧者，萬不可已也。汝宜體朕之意，殄戮賊臣慶喜，以速奏回天之偉勳，而措生靈於山嶽之安。此朕之願，無敢或懈。

原文就是漢文。總共有兩份，一份給薩摩藩，另外一份是給長州藩。當時沒有複印機，兩份都是手寫的。文章是有名的漢學家玉松操所撰擬。主意大概是岩倉具視、正親町和三條實美三人所出。不管這密敕是否眞的，但它的作用卻很大。這份密敕與慶喜的大政奉還的奏章同時到達。於是薩、長兩藩暫時把密敕收起，靜觀慶喜以後的動向。慶喜接到大政奉還案之後，想想索性把將軍職位也辭掉，看朝廷究竟怎麼樣來處置他。慶喜總以為朝廷必無他法，祇有請他復位。誰知岩倉早料到他有以退爲進的奸計，已經和西鄉隆盛、大久保一藏聯絡過，預備將密敕公開出來，實行討幕。不過因爲慶喜還好像另有意見，朝廷各公卿又將討幕行動延期，各公卿很怕會打起仗來，決定召集十萬石以上的諸藩主來京都開會。諸藩主裡當然有很多是忠於幕府的，於是反幕派與擁幕派兩方都調集大軍，成爲對峙的局面。

五 藩政變

到了慶應三年的十一月十五日，討幕志士坂本龍馬和中岡愼太郎被人殺死了。兩人都是年才三十剛出頭的英才，這對討幕派是一大打擊。於是討幕派不能不早一點行動，以大久保及岩倉二人爲中心，要計畫舉行一次政變，以王政復古爲號召。他們先跟西鄉商議好，又與長州的藩士品川彌二郎協議，由大久保西鄉等的薩摩藩志士和土佐、芸州、尾張、越前共五藩的藩士聯合起來，舉行政變。在這一天的朝議裡，先恢復了長州藩主父子的官位，凡是被幕府判有罪的人員一概赦免，由朝廷發布王政復古的大號令，接受將軍的辭職與奉還大政，並廢止幕府、攝政、關白等機構，新設總裁、議定、參與等三職。當晚的會議中，很顯然地討幕派壓倒了公武合體派，不顧妥協派的反對，決定命令慶喜辭官獻地。幕府算是完了。

統治了日本將近三百年的德川朝，在十五代將軍慶喜之手亡了。慶喜怎麼能甘心？辭官他不在乎，但是獻地就不簡單了。究竟應該獻多少地，怎麼訂，這與每年的收入有關。幾經商討，都沒有結果。

關於獻地問題的確很費思量。一般的意見認爲土地應該屬於天皇所有。天皇的東西應該歸還給天皇。既然要命德川慶喜獻地，那其他各藩將如何呢？當時廢藩置縣的議論，尚未成熟。慶喜頑強抗命，好像很有理由。權謀政治家岩倉具視深怕把事情弄僵，建議將獻地問題暫時不談，祇請慶喜晉京來就新政府給他的「議定」的官位。

慶喜忘形

他果然來了，也完成了就任「議定」的手續。一切都很順利，似乎雙方已經沒有敵意。倘若沒有新變化，可以說王政復古的政變是毫無意義了。討幕可以算是完全失敗。但是事情忽然又有了轉變。慶喜做了官，一時忘形，急於想報復，發表了薩藩的罪狀，進行討薩行動。他調動了他在鳥羽和伏見的大軍，總共有一萬五千人，進發京都。而這時薩摩藩祇有兵三千，連同長州兵一千五百人，加起來還不夠慶喜三分之一的兵力。不過接戰以後，幕府軍大敗，全軍朝大阪退去。慶喜和少數親信逃離大阪城，由海路乘船回到了江戶。大敗的原因很多，當然是因爲幕府軍的武器不夠精良，訓練不足，指揮有缺陷。但是最主要的是士氣低落。大家認爲德川朝氣數已盡，神又降臨到天皇這邊了。這次的勝利對討幕派影響太大，諸小藩本來心存觀望的，都反起幕來，大阪的大商人也都支持新政府，財政的收入方面有了很大的轉變。這可以說是在戊辰這一年的內戰中最具有決定性的一戰。慶喜逃到江戶後，不知怎麼辦才好。是認罪呢？還是抗爭呢？他沒有主意。他在朝廷裡的朋友紛紛替他講情，說這不是他的錯，是他手下人蠻幹所致。法國人也替他說情，不過都沒有用。朝廷還是不肯饒他，他衹有到上野大慈寺去自己關閉自己。不過仗還是照打。朝廷正式發了追討令，文曰：

慶喜之反狀已明，始終欺詐朝廷，大逆無道，不得不加討伐，救平賊徒，以救萬民於塗炭。

並將他的官位、土地一概褫奪，任命了有栖川宮熾仁親王爲大總督，率軍分三路進軍東征。所到之處都勢如破竹，很快就到了江戶城下。這時幕府的陸軍總裁是勝海舟，雖然當時幕府的海軍還有相當戰鬥力量，但勝海舟見大勢已去，不如勸慶喜認罪表示恭順，才是國家之福。慶喜接納了勝的意見，也同時請住在輪王寺的家茂夫人和宮說情，請饒一命和存續德川家的命脈。

山岡鐵太郎的忠義

不過薩摩藩的西鄉隆盛和大久保都不肯。西鄉說和宮雖然是天皇的公主，但也是賊黨，無權過問。非命慶喜切腹不可。大久保說慶喜之罪爲天地之所不容。可是到了三月裡，他們的態度突然都軟化了。山岡鐵太郎是德川家裡的人，很有骨氣，有心救主。他想直接去求大總督有栖川殿下赦免慶喜，碰巧遇見了勝海舟。他知道勝與西鄉隆盛相識，求勝寫一封信給西鄉以便晉見。他穿過了好多關卡終於到達。西鄉憐他是個忠義之士，又有勝的情誼，慨然許諾，開出七項條件，慶喜若能接受，則可赦免他並准允德川家存續。

不過第一條山岡就不能接受。第一條是慶喜必須由備前藩看管。備前雖非蠻荒之地，到底是異鄉，慶喜總不能受人管束。至於其他各條，山岡認爲都還合理。於是辯論終日，不得結果而散。西鄉感於山岡的忠義，答應此一問題他慢慢地設法解決。幾天過後，勝到了江戶，馬上去看西鄉，順便帶了山岡所改的七項條款。他衹將第一條改爲由慶喜引退到水戶，其餘更動了幾個字，文意照舊。勝海舟將原件遞給西鄉，西鄉一字不改就呈給大總督通過了。就這樣慶喜得以不殺。

德川幕府覆亡

德川幕府自從家康開府以來，傳十五世，到此算是亡了。一個新的局面開始了。在這新局面開始前，日本受西洋各國的欺凌並不比中國所受的少。日本當時的志士也和中國的志士一樣，氣憤塡膺想爲國效命。但是日本卻很容易地翻了身。中國則沉淪在病夫階段將近寶貴的一百年，眞不禁令人浩嘆。我們不能不怪我們的同胞，習於安樂，一染上鴉片之害便不能自拔，以及文弱成風，沒有那武士精神，不肯自我檢討，一篇八股文章斷送了求新知識的欲望，而最令人氣短的是不服從、不團結。在這一點上我們眞愧對日本的志士。

日本新政府雖然已成立，但問題很多。這時在社會上由老百姓自動開始一種風氣，叫作「御一新」運動。凡是洋人會的，他們無有不學。但是封建時代遺留下來好的德行，也無不保留。御一新成爲明治維新的原動力，由政府開始頒布五條誓文，作爲國家的基本方針：

一、廣興會議，萬機決於公論。
二、上下一心，盛展經綸。
三、自官吏以至庶民，務使各遂其志，振奮人心。
四、破除舊有習慣，一切基之於天地之公道。
五、廣求知識於世界，大振皇基。

這五條發布之後，緊接著又發布一條聲明，天下所有權力悉歸太政官，使政令無二出。這樣使得各藩都沒有發號施令之權，才能之士不能不到中央來，不但朝廷，連各藩都不能不徹底改革了。於是日本本來分得很清楚的地方色彩，自然打破，祇要是人才，便可以在中央一顯身手，不再有家世門閥之別了。關於這一點，我們中國早就沒有階級門閥。將相本無種，憑自己的本事來取功名，比日本進步多了。

所以倘若那時道光帝眞能重用林則徐，則鴉片戰爭不至於發生，有眼光的林則徐，一定懂得應該強兵整軍。他已經知道西洋槍砲的厲害，由很拮据的經費裡撥出錢來買了一艘戰艦坎布里奇號，如果能放手由他加強我們的武備，清廷必然可以中興。再若如果慈禧能容同治或光緒來親政，而不橫加阻撓的話，中國的歷史也一定要改寫了。我們的爲政者一而再誤國，可勝浩嘆。

明治天皇由聰明的岩倉具視以及三條實美等輔佐，仿效了西洋，把立法、行政、司法分成三個機關。行政官裡衹加添了一項西洋所沒有的神衹，成立了上下兩院來議事，廢藩置縣府，一切都抄襲了西洋的組織。日本很快變成一個像樣的近代國家，不到十年已經完成了大業，開始學習西洋的作法，對周圍的弱小地區露出猙獰的面貌來。千年以降，日本民族本是一個不怕死好勇鬥狠的傢伙，這時又手握著西洋式的精密武器，焉有不興奮雀躍的。所以在這十年當中，也發生了一些不愉快的事件。明治二年二月，一位參與橫井小楠要從官廳回家時，被六個暴徒當場斬殺。他雖然已經是六十多歲的老頭子，但思想很新，看到美國華盛頓總統的榜樣，認爲非常理想。他精通漢學，認爲華盛頓可以比美堯舜。可是那時社會上攘夷思想相當普遍，不允許有人讚美華盛頓，認爲他是奸人。一個飽學之士，就這樣冤枉死於亂刃之下。

由這一橫井暗殺事件看來，日本那時還比中國落後。排外思想兩國差不多，但是日本的爲政者高高在上，知道向西洋學習衹會有好處，不會有害處，所以不再盲目攘夷，不像中國慈禧太后，還停留在純反洋思想。雖然那時很多重臣都明知反洋不是辦法，但是懾於慈禧的橫蠻無知，衹有三緘其口了。

遷都江戶改名爲東京

明治二年還有一件大事，值得注意的是，雖然天皇已經正式遷都江戶，改名東京，在改名的那一天，幕府的陸海軍將士不得不含淚將武器點交給新政府人員。點交的時候，免不了要發生不愉快情事，很多幕府的老兵將不服氣，暗暗地溜走了。他們對關東一帶地方熟悉，盤據起來，開始打起游擊戰，騷擾地方，帶給新政府不少麻煩。尤其本來駐屯在江戶的彰義隊有護衛慶喜、警備江戶任務的，更是氣憤塡膺，反對新政府，不斷攻擊，使得新政府的威信一天比一天低落。

新政府後來發現關東地方騷動的原因，是因爲幕府的老人沒有受到妥善的安排，對於未來充滿了懷疑與不安，頗有走到絕路的恐懼，所以才興起了鋌而走險的念頭。明白了這一點之後，新政府便去找德川家的族人，把沒收的土地一一發還，平息了他們心中的不滿。果然反叛漸漸消滅，恢復平靜。這項措置是戰略家大村益次郎建議給新政府的。

本來聚集在上野的彰義隊，一夜工夫就潰散了。

會津藩之亂

戊辰之戰的初期，誰也沒有想到會發展到全面戰爭。由仙台藩開始，東北各藩沒有一個看得起薩、長兩藩的。其中以會津藩的氣勢最盛，不惜和新政府拚一下。他的藩主松平容保由江戶歸藩時，買了不少外國最新武器，並且得到幕府留下的金錢、槍砲。那時幕府則採用法國式的新編制，編成了少年白虎隊。隊員一個個都非常精壯有朝氣。和會津藩沆瀣一氣的庄內藩，也是一個佐幕派，同樣的，決心和新政府一戰。衝突一開始，政府軍便吃了敗仗。新政府命令大總督反攻。於是大總督和參謀西鄉隆盛協議，調派了海陸大軍進剿，但反而被會津藩占領了白河城──一個要衝地點。這時東北地區的各藩群起反抗新政府，成立了列藩同盟，以仙台爲盟主，請由江戶逃出來的輪王寺宮（親王）當名義上的軍事總督。至於政務則交由幕府兩位老中板倉勝靜和小笠原長行負責。他們並且擁有一個新港口新潟港。在這港口裡，能與洋人貿易交換物品，尤其可以買到最新式的武器。戰爭一時陷入膠著狀態。但雙方打了七個月之後，忽然有了轉機。政府軍連戰皆捷，各藩相繼降服，祇剩下會津一藩還在負嵎頑抗。一個月後，終於不能不投降。藩主松平容保和他兒子被俘，送到了東京。奥羽地方的諸藩好不容易平定。現在僅餘盤據在五稜郭的榎本武揚了。

榎木武揚是前幕府總裁。幕府滅亡之後，他組織了蝦夷政權，雄據一方。新政府不能不圍剿，由美國買來四艘鐵甲兵艦，四艘運輸艦進攻，榎本軍當然不敵。雖然也一度想奪取鐵甲艦，派幕府的軍艦「回天」去奇襲，但沒有得手，艦長反而戰死了。榎本據有五稜郭和兩處砲台，但激戰之後都被官軍占領了。榎本看看大勢已去，祇好投降。這一仗給官軍很大的信心，也引起了他們侵略的野心。

什麼是征韓論

韓國在日本人眼中，向來是個積弱之國、手下敗將。日本永遠忘不了加藤清正怎麼樣輕易地在韓國的土地上殺出殺進，如入無人之境。日本人本有欺善怕惡的根性，韓人太柔善，正是他們欺凌的對象。日本原來就有爲海盜的前科，以及豐臣秀吉無緣無故向韓國進攻的歷史，這時又掀起了征韓論。

什麼是征韓論，說來也滑稽。明治元年日本通告韓國說以後不是幕府是皇國了，遞給韓國一份國書，辭句非常不客氣。韓國當然將原書退回。日本便以此爲藉口，認爲韓國無理，非征討不可。在高階層會議中主張征韓的，有西鄉隆盛、坂垣退助、江藤新平、後藤象二郎等。他們跟當時持反對意見的人辯論失敗，恰巧碰到主張征韓論的都是一些年少氣盛的人，於是集體辭職。這在當時是個大消息，但是誰都不知是什麼緣故，因爲是個秘密會議。但是征韓另有一個不可公之於世的理由，那便是木戶孝允在他給大村益次郎的信中所列舉征韓的好處。他信中說道：

朝廷應該將平定榎本之後的陸海軍開往韓國的釜山去。我們並不是貪他們的金銀財寶，可能還會有損失，但是爲了皇國的大前途，億萬生靈之目光所繫，一變內外對我之看法。海陸諸科技的實在情形都在進步，證明皇國在興起。爲建立萬世不拔之基，除此之外，別無他策。倘一旦干戈相交，必致經濟緊迫，年年收入減少。但若能占領一席地，掠奪所得，兩三年後天地必可大變。如能實行，則將可立皇國於萬世不拔之基。

佐田白茅說得更露骨。他進言道：

我國應該派遣一位大使去問罪，同時進攻。不出五十天，我們可以將他們的國王俘虜。如果清國有援兵來，我們就討伐他們。同時呂宋、台灣等地都可以唾手取得。我們祇要取得朝鮮，就等於取得金窩，米、麥都非常豐富，日本可以立刻富強起來。我們現在祇憂兵太多，而不怕兵太少。諸藩的兵現正想作亂。如果我們現在向外征討，轉內亂爲對外，豈非一舉兩得耶。

這才是當時日本一般政客的眞意。自己無禮，反說對方無禮，是慣用的謊言。

日本向來看不起韓國。三百多年前，豐臣秀吉侵韓的時候，他麾下將士不費吹灰之力，就席捲了大半個朝鮮。現在日本又有了新式武器和船艦，比豐臣秀吉時代要強得多，眞可以像佐田說的，可能在五十天之內俘虜他們的國王和打敗大清國。所以征韓絕不是因爲「無禮」，而是覬覦韓國多金。日本受了西洋諸國的欺凌，不到三十年，已經學會侵略別人了。

這時中國的情形怎麼樣呢？大清國的官吏顢頇得很，雖然已經平定了長毛、捻匪等大亂，但對國際形勢一點也不知曉。老百姓更是糊塗得很，相信謠言，迷信暴力。那時教育未普及，到處是文盲。在天津發生了一次老百姓與教會之間的衝突，殺了法國駐津的總領事，燒了教堂和殺了很多貞女。法國公使大怒，聲明報復。清廷官吏大驚，一個個慌了手腳，連平定太平毛匪的勳臣老謀深算的曾國藩都不知所措。洋人槍砲厲害，兵精將勇，一旦打起仗來，天津逼近京畿，不能後退，所以祇有委曲求全了。幸而這時法國國內有事，沒有工夫再鬧下去，馬虎算了。但是這件事看在日本人眼裡，覺得中國也夠軟弱的。可以試試欺負一下。於是在明治七年，因爲琉球的一群漁民被中國人殺害，日本就派兵攻台灣了。那時的台灣人煙稀少，哪裡能抵抗日本三千六百人的大軍。牡丹社一天工夫就被他們占領了。日本把台灣占領之後，硬說台灣是個蠻荒之地，無人管理的關係，所以住民都很凶暴。不但是日本人，其他各國人都有被害的，因此日本皇帝陛下要派兵前來問罪。大久保親自到北京總理衙門，這樣申述出兵的理由。他說，如果大清國認爲台灣是化外之地，住民不值得教化，則日本沒有辦法，祇好越俎代庖。種種設施費用由清國支付。大久保的態度非常強硬，認爲台灣是一個無主的荒島。清廷對日本的主張一一駁斥，交涉進行中幾次決裂，終於經由英國駐清使臣維度的斡旋，才獲得協議。

由清廷賠償被害琉球人十萬銀兩
日本在台設施由清廷支付共五十萬銀兩
日本即時撤兵（意味著是自己誤入別人領土）

給琉球人的十萬兩，等於給日本。在台設施也等於賠償金。日本在這次的對外用兵，得到的甜頭雖然不算太多，但一個向來被人欺負的國家，現在開始可以欺負人了，值得大書特書。從此，日本由一個弱小國家變成一頭猛虎了。

明治十年，日本還在繼續脫胎換骨。御一新運動正如火如荼地開展起來，這時忽然發生一件大事，維新政府的勳臣西鄉隆盛大將據鹿兒島起兵一萬五千人反了。

西鄉隆盛爲什麼反叛

西鄉隆盛原本是鹿兒島的藩士，自幼就以豪邁偉略爲儕輩所敬重。很早的時候，他就和大久保利通、有村俊齋等爲刎頸交。安政元年正式做了藩士，隨從藩主島津齊彬到了江戶當他的幕賓，和水戶藩的藩田東湖交遊。安政五年，因爲幕府發生了將軍繼嗣問題，國家慢慢多事起來。於是他就由江戶轉來京都，企圖改革幕政，被當時幕府的老中察覺，預備將他逮捕。他和一位和尚月照一同逃到故里薩摩藩，不料藩主齊彬前一年死了，藩政改爲公武合體派。因爲月照有反幕思想的嫌疑，令他出境。隆盛大怒，認爲太不講道理，就和月照相抱投海自殺，幸被人救起，得獲重生。不過月照卻淹死了。藩廳命他改名換姓，謫居到大島去。他在那裡住了三年，逢到特赦，又回到鹿兒島，再和大久保利通隨同藩主久光一起到京都。

寺田屋事件時，大久保誤以爲隆盛也是激進派，把他流放到德之島去。一年多後，誤解弄清楚，才奉命召還，由久光任命軍職。慶應元年，他回到鹿兒島參加反幕活動。薩、長聯盟是他促成。回到京都後，又促成了王政復古計畫。新政府成立後，對於廢藩置縣計畫出力甚多，輔佐東征大總督有栖川親王平定了東北地方之亂。明治三年，西鄉官居政府內的參議時，爲了征韓論，和反對征韓的人起了衝突。當時太政大臣三條實美很支持西鄉的看法，不過到請天皇裁可時，三條病了，由右大臣岩倉代理太政大臣，去向天皇請示。岩倉是個反對派，天皇聽了岩倉的報告後，認爲岩倉說的理由很充足，於是裁定了反對派的意見。西鄉和其他五位同意見的人一齊都辭職還鄉了。西鄉回到鹿兒島後，出資興辦私校，招收士族子弟，慕名而來的人士不少。他們對政府不滿，不服從政府的命令，儼然像割據時代的藩國。維新政府當然看不順眼。政府裡對西鄉最關心的，莫過於和他同鄉同出身同奮鬥出來的大久保利通。大久保不放心西鄉在鹿兒島的行爲，派人去觀察，不料被人誤會是暗殺西鄉，因此而起兵。西鄉兵新銳勇猛，一舉就攻克了熊本。但是政府傾全國之師與他鏖戰，八個月才把他打敗。西鄉切腹自殺，從此日本不再有內戰，而且踏上議會政治，用語言辯論來表示不同的意見了。

廢藩後所衍生的問題

日本維新政府決定了廢藩置縣的腹案，確是個革命性的大改革。德川幕府亡了之後，偌大一片土地都被沒收，連江戶也不免，變成了東京，由天皇進駐。似乎對德川家苛刻了一點，不太公平。倘若解釋為普天之下莫非王土的話，那其他各藩的版籍怎麼辦？是否都該由天皇收回？在大一統思想、中央集權的原則下，是非常合理，因此這時主張將版籍奉還的有薩摩的西鄉隆盛、長州的木戶孝允、土佐的坂垣和肥前的大隈。這四藩的版籍非常廣闊，並且每藩都擁有相當的武力，於是其餘各藩也都跟著聽命將版籍奉還了。其實自從戊辰之戰後，各藩因戰爭籌餉的關係，背了巨額的債務，這時能藉此脫身，眞是求之不得，廢藩置縣就這樣完成了計畫。這是明治四年的事。

到了明治五年正月，維新政府又發布一項新猷，是劃分全國人民為四種，曰皇族、曰華族、曰士族、曰平民。日本本來就有階級，不過古時分法不同，不能適用於現今，尤其廢藩之後，藩主和他們世襲的嗣子，不能不給予相當高的地位，一時無以名之，不能稱之爲皇族，也不能算他們爲普通的平民，祇有尊他們爲華族了。至於他們的屬下，一班文武雙全的知識分子，自視甚高的武士階層，則無以名之，就稱他們爲士族。

士族人數很多，是讀書人，見過世面，平時往往能成爲藩王的謀士，戰時也可能替主殺敵或犧牲，所以對他們不能不禮遇。維新時代的功臣很多是士族出身的人。不過士族有特性，往往好勇鬥狠，好大喜功，祇要可以立名光耀門楣就生死以之，並且前人成功的榜樣非常多，更增加他們冒險犯難的雄心，渴想建功名闖天下，一心想仿效前人的模式。這種心態唯有西鄉隆盛最能了解，因此他竭力想法疏通，他認爲倘若這一心態不能立即發洩出來的話，可能釀成內亂，所以主張征韓，並且他寧願被派到韓國爲大使去問罪，激起韓國對他的怒火，將他殺死，就可名正言順地出兵征韓了。雖然此計當時沒人贊成，但是後來他兵敗自殺，日本政府還是依照了他的遺志，逐步吞沒了韓國。

西鄉本身是士族，十分了解士族的心態，他一生都想爲他們服務，辭去公職之後，爲士族的子弟興學、求職、謀福利，做了不少事。最後由於政府誤信奸人的挑撥，懷疑他的忠忱，派人去暗殺他，使他激起義憤，終致兵戎相見，兵敗切腹自殺。不能不說是一場悲劇。如今日本政府爲了彌補對他的誤會，特地選在東京上野公園的高處爲他立了銅像，沒有稱他爲叛逆爲日奸，依然尊他爲維新勳臣，是日本政府的雅量。

韓國是怎麼樣的國家

西鄉是征韓論的創始人，他雖自殺而死，但征韓思想卻陰魂不散。韓國在日本人眼中，是個積弱的肥羊。韓國自遠古以來與中國的關係就很深。商紂的諸父箕子屢諫紂不聽，乃披髮徜佯爲奴。武王克殷後始封箕子於韓而不臣。姑不論史書的記載是否眞實，但可以知道中韓關係必非尋常。不過到了十八世紀，西歐的帝國主義膨脹起來，韓國始終不爲人知，羞澀隱晦，西洋稱它爲隱士之國（The hermit nation），直到拿破崙三世在越南得手後，想起在亞洲北方還有一塊處女地。他於是派了一批傳教士到韓國探問虛實，不久韓國的天主教便大行其道。

那時掌握韓國政權的是大院君李昰應。昰應是位十足受過東方文化薰陶的人，誠摯地愛護古聖先賢的教訓，對於西風不能接受，尤其痛恨這批天主教教士，吸引了不少愚夫愚婦們去信教。他於是便不客氣地將這批教士逮捕下獄，其中有幾個漏網之魚，逃回法國向拿破崙三世哭訴受虐待的經過。拿破崙大怒，興師問罪，派了海軍少將「羅斯」，率領戰艦七艘，溯漢江而上，在江華城前登陸。法國的兵將憑白種人的優越感，硬想以寡敵眾，祇派了兵將一百六十人攻城。韓國兵丁居然奮勇殺敵，將來犯的法軍全數殲滅。同時時屆隆冬，漢江有結冰的跡象，法軍深怕會凍結在冰裡擱淺，連忙退出，又因聖誕節將到，官兵思家心切，就此鍛羽而歸。時為一八六六年，又正值法國多事之秋。四年後拿破崙被俘，法國從此便不作侵韓之想。

韓國打了這次勝仗之後，大院君李昰應的聲名大噪，被譽為禦侮的英雄。他雖然也風聞到西鄉等五人是因為征韓論不為日本政府所採納而退出閣議，但不相信日本會在國內廢藩置縣等大問題還未解決前，就能向外出兵，所以對日本毫無戒備之心。何況還有強大的中國保護，更沒有什麼可怕。

中國的形象

大清帝國大是很大，強則未必，像一片桑葉被各色西洋蠶已經吃得快透明了。這時慈禧太后掌政的機運又到。她的兒子同治帝染上了梅毒，很痛苦地崩逝了。同治無後，便於慈禧重新垂簾聽政。她扶持一個小皇帝光緒，才四歲，是她親妹妹醇王福晉所生。此後她大權在握，憑著先天的智慧，居然指揮朝政。她不學，但有術，痛恨洋人，沒有將洋人的長處學去，卻祇一味地排外。

她相信了端王的話，認為義和拳的一幫人是義民，祇想扶清滅洋，並且身懷絕技，可以刀槍不入。她雖然不信他們眞能抵抗得了槍砲，但認為是義民英勇反洋，絕對沒有錯。所以她容忍義和團的暴力行為，尤其對他們的口號扶清滅洋十分欣賞。不過她沒有想到義和團竟是一群改裝的土匪。她身處深宮，無從知道實況，周圍的人又不敢給她眞實的資訊，因此一誤再誤，造成不可恕的大錯，慈禧掌權時代也正是日本明治時代。一個祇顧抓權，一個維新圖強，兩方的差距就愈來愈大了。

這時日本改變了攘夷的態度和想法，知道排外不是辦法，反而變成向西方國家學習了。明治四年底，日本一方面厲行廢藩置縣的制度，仿照西洋，一方面派遣大員出國，周遊美歐，並派留學生百餘人，其中包括了十五六歲的少女一同前往。大員之中，赫然全是當時最有作爲的維新要人。有外務卿岩倉具視、有木戶孝允、大久保利通、伊藤博文等。他們到了美國，留學生先下船，大員們再去華盛頓和紐約遞了國書。然後轉往歐洲，幾乎繞了世界一周。大員們主要的任務在改正條約。留學生則除了求學之外，還要他們學習洋人的禮儀、習慣。他們不像當時滿清那樣對西洋風俗還存著格格不入的看法。

那時中國的形象還沒有完全暴露出來，比起中國，日本和韓國顯然是小，是中國的醜陋複製品。中國人向來沒有把日本和韓國放在眼裡，不過自從日本公然派兵侵占了台灣之後，大清帝國的面具便被戳破了。原來大清不過是個紙老虎，從此反而是日本人不把中國放在眼裡了。

日本侵犯台灣之役，大久保利通親自到清廷來交涉，順便觀察清廷的情形，他發現清廷暮氣沉沉，官吏顢頇，於是非常有自信地向清廷獅子大開口，在外交交涉上，得到全盤勝利。日本人的野心開始發動了，征韓論甚囂塵上。這時已是日本明治七年，清同治十三年。這年年底同治帝崩。

日本能不能征韓

明治維新的第二個十年，日本為了應該不應該征韓，起了嚴重衝突，終於釀成了西南之戰。西鄉隆盛這維新功臣因而切腹自殺，日本人沒有不惋惜嗟嘆的。石川縣的武士島田一郎遷怒到大久保，乘大久保去上朝的時候，埋伏在隱處，跳出來一刀將大久保砍死。這證明了社會裡還有不少人主張征韓，不少人同情西鄉，想為他報仇。四年以後，日本國內經濟情況更形豐腴的時候，征韓的野心更明顯地流露出來了。

大院君李昰應驅逐了來犯的法國人之後，很想過他那醇酒美人的生活。他已經沒有外患，也好像沒有內憂。因為他已經翦除了金氏外戚之亂。在這樣一個可以高枕無憂的局面下，正可以享其太上皇的清福了。而不料事與願違，他的媳婦，本來十分乖巧的閔妃，因為多讀了幾本新書，忽然嫌他思想陳舊腐敗，慫恿她的丈夫李熙去親政。翁媳之間因此發生了齟齬，閒隙愈來愈明顯，形成了兩大派，雙方都擁有不少嘍囉，在韓國朝野裡互相對立。擁護大院君的是守舊派，同情閔妃的稱為開化派。兩派鬥爭愈演愈烈。中日兩國很自然地被捲入漩渦。大清帝國當時是宗主國的名義，有義務排難解紛。而日本則由開化派的黨人邀請來做幫凶，正合日本征韓的意願。

光緒八年，日本明治十五年壬午，西曆一八八二年，大院君忽然派兵，一面將閔妃的黨羽一古腦兒殺光。閔妃僅以身免。一面攻打京城的日本駐韓公使館。這次的政變，顯然是大院君的守舊派勝利，也是明顯的反日舉動。日本受此挫折，當然不甘緘默，一步一步進行它吞沒韓國的計畫。事實上日本早已有了準備。明治六年發布了徵兵令，海軍仿英，陸軍仿法，兵工廠已經有了兩所，火藥製造所有三處，並且爲了使工業發達，發布了國營工廠凡有盈餘的可以由私人承購。這樣日本已經成爲一個很有戰力的國家，在東亞各國裡，稱得上是強國了。

這時中韓兩國的情形又如何呢？大清帝國在慈禧太后垂簾聽政下，遇到不少棘手的難題。幾位平定匪亂的勳臣，不是已死像曾國藩，就是老病像左宗棠。朝廷裡沒有忠蓋的大員，與日本倒幕時代不同。他們那時全是二三十歲的小夥子，有朝氣，有幹勁，沒有互相嫉妒和牽制。而我們祇有一批老朽和一批鉤心鬥角的狐狸。在這種情形下，我們焉能談中興、談自強。韓國跟我們差不多。大院君趕走了開化派之後，以爲這些么魔小丑不足爲患，又有大清國在後撐腰，更高枕無憂地過那逍遙日子了。這是壬午年的事。不料祇過了兩年，韓親日黨金玉均、朴泳孝藉日本駐韓公使竹添進一郎的力量，進行苦迭打，日本公使館的守備兵也參加在內。韓國警憲一時無法抵抗。幸而那時大清國駐韓交涉通商大臣袁世凱也有兵。他年輕勇敢，將日本軍殺退，幾乎把金玉均虜獲。同時大清國的海軍也將被包圍的大院君救了出來，親日黨發動的政變算是完全失敗，可是中日之間的裂痕就愈來愈大了。

日本更近代化了。完成制憲，成立議會，實行內閣制。明治二十二年的二月，正式公布了大日本帝國憲法和眾議院議員的選舉辦法，完全具備了歐美形態的政府模式。到了明治二十三年十一月二十九日，貴族院與眾議院一起舉行了第一次議會開院式，由首相山縣有朋誦天皇開會的敕語，念完了捧給伊藤博文——當時的貴族院議長。儀式簡單，但相當隆重，說明了日本人認眞不苟且的性格。這一年是光緒十六年，西曆一八九〇年。

第一次中日戰爭

日本要求制憲和開設國會的運動，由來甚久，維新後就有了這種呼聲。愛國社就在明治十三年發起要求開設國會，簽名的人超過了十萬，全國各地都組織了各種政治結社，特別是士族階級對此異常熱心。其中主張民選會議最力的是坂垣退之助、片岡健吉等。坂垣是土佐藩的藩士出身，倒幕派的指導者，戊辰之戰以英勇得到軍功，聲名僅次於西鄉隆盛和大村益次郎，不過在廢藩置縣的時候，維新政府主要的工作在外交和財政上，所以坂垣一時英雄無用武之地，在征韓論的大辯論中，坂垣和西鄉隆盛一起退出政府，開始實行他夢想的民選會議計畫。

坂垣的對手是大隈重信。大隈是肥前藩藩士，年輕時到長崎學了蘭學又學了英文，精通洋務，是對外折衝的能手，政府倚畀甚殷，不過他在明治十四年上書天皇，請求成立國會，政府無奈祇得同意，於是四方豪俊群起組黨。在組黨期間，社會不免騷動，坂垣遭到暗殺，一個青年刺客在他胸前刺了一刀，坂垣受傷倒地後，撫著傷處叫道：「坂垣縱死，自由不死！」成爲名句。他傷癒後，組成的黨就取名自由黨，他任總理。大隈組織了改進黨，他麾下有兩張大報，爲他做文宣工作，可以說兩黨旗鼓相當，日本開始步入近代國家之林了。

除了開設國會，實行憲政的政黨政治之外，日本還採用了一樁非常有用的開發自己國家的辦法，就是將國營事業中最賺錢、最有前途的廠商，賣給民間，另外再去開設其他工廠，很快地工廠林立，日本成爲亞洲唯一的工業國家，日本製的產品行銷到各落後地區，不但增加了財富，還增長了國威，日本開始在國際間嶄露頭角。

韓國志士金玉均的下場

大清國的情形便大不相同了。慈禧太后的妹婿、小皇帝的生父醇親王率領的神機營，不但紀律壞，並且仗勢欺人，無惡不作，甚且有士兵吸食鴉片煙的。丁汝昌的海軍也祇能看，不能眞上陣。甲申年經過十年，到了甲午，金玉均在日本受盡折磨，恍然覺悟日本不可靠。經過十年餘的囚禁，日本政府才釋放他。他到了東京，遇見了清廷駐日欽差大臣李經方。經方知道他受過日方的虐待，對他的際遇十分同情，勸他轉向。雖然沒有明講清廷會歡迎他，但處在絕境中，聽來已是天上綸音。不久經方丁母憂，不能不倉皇離任歸國，留下這份聯絡工作給後任汪鳳藻。鳳藻是個謹愼小心的人，精通洋文，翻譯過一本國際法，前任既然留下蕭規，當然就曹隨，和金繼續往來。有一天金忽然來辭行，說有一位同志從法國來，邀他一同到上海。鳳藻於是在芝公園一家小館爲他餞行，兩人依依不捨談到夜深。金到了上海，住進一個日本旅舍。睡午覺的時候，與他同來的同志竟拔出槍來將他打死。原來他這位同志是韓廷派來臥底的刺客。韓廷幾次都想取他性命，沒有能得手，這次居然成功，是件大快人心之舉。按照韓法處置叛徒，應該凌遲處死。現在金雖已死，也還要戮屍，要求清廷將金的屍體由滬運韓。不過這時清廷已經將屍體運上一艘日本船西京丸，船還未開行。於是清廷官憲就登船強將棺柩奪回，載上另一軍艦，疾馳破浪而去。抵韓之後，金便遭到戮屍。金被殺之後，日本政府對金的態度突然改變。本來很討厭他，現在拿他像一塊眞金、一塊美玉般地看待，說他是志士，是大日本的摯友，而是由汪鳳藻騙赴上海的，清廷並罔顧國際法的尊嚴，實行了劫屍行爲。

總之日方將這次暗殺金的責任，全部推卸給清廷。

東學黨之亂與甲午戰爭

刺殺金案發生後不久，韓國又發生了一件大案子，所謂東學黨之亂。東學黨本來是個無政治色彩的組織，主張「人倫」，反抗貪官污吏。當時韓廷政治腐敗，老百姓受不了官吏的壓榨，紛起作亂，正式揭起反政府的大纛。於是日本浪人乘機滲入，結成了所謂「天佑使」，幫忙作亂。東學黨有了這批外來力量，更形猖狂。韓廷慌了手腳，請求駐韓的袁世凱出兵相助。袁世凱是個十分好事的人，立刻電請李鴻章出兵。李鴻章究竟老謀深算，以茲事體大，不肯隨便用兵，就一面飭令袁世凱探詢日方動靜，一面密令汪鳳藻觀察日本政府方面的反應。袁世凱的覆電說日使亦盼華方速派兵戡亂。鳳藻的覆電亦說日政府與日議會常衝突，絕無對外生事之力。

清廷有了袁、汪的保證，便放心動員。哪知清兵到了韓境，日本早已列隊迎戰了。清廷得報大驚，但已來不及，祇好央求列強轉圜。雖然卑躬屈膝，但誰也不肯多管閒事。於是甲午（光緒二十年，一八九四）年七月二十五日，日本聯合艦隊第一游擊隊的三條船向清船發砲，戰事就這樣不宣而戰地打起來。到了二十八日，清廷將日方首先開釁的情形向各國通告，同時對日宣戰，並電召汪使下旗歸國。甲午大戰開始了。在這之前的兩三天，駐守在牙山由袁世凱率領的兩千清軍正嚴陣以待時，忽然袁接到丁憂的電報。他不能不去奔喪。全軍換了統帥，士氣也受到重大打擊。就在這青黃不接的當口，日軍三千之眾、砲八門，在二十八日的夜裡實行夜襲，戰鬥一小時半就決定了勝負。清軍潰退了。這一仗影響非常之大，以後清兵看見日軍就不免膽怯了。

海陸兩方清廷都吃了小敗仗，不敢怠慢。這時平定洪楊之亂的許多老將都已死光，祇剩下年已七十的李鴻章。他不得不親自指揮軍事。於是他調遣了他最心愛的淮軍一萬人，到平壞據守。日軍攻城，雖然先吃了虧，死傷甚眾，但畢竟寡不敵眾，清兵不得不豎白旗。至於海軍方面，丁汝昌做了提督之後，刻意整頓，成立了北洋海軍，好像比日本的艦隊要強得多。接戰後日本艦速度快，舟身小巧，運轉容易，砲也多。四小時後，清艦經遠、致遠和超勇三艘都被擊沉，旗艦定遠及鎮遠、濟遠均負傷，丁汝昌仰藥自殺，北洋海軍全軍覆沒。

祇有求和

仗無法再打下去，祇有求和了。到了第二年的三月十八日，清廷透過美國公使，派李鴻章為全權大使議和。日本方面認為議和是幫助弱小的義舉，欣然允諾，事實上是吞併韓國的前奏。長年間受過帝國主義壓迫的日本，這時學會了如何欺負人，首先被他蹂躪的就是弱小的韓國，其次就是中國。

日本打了勝仗之後，好像發了洋財一樣。他們獅子大開口地要求割地。議會裡改進黨要中國割讓山東、江蘇、福建、廣東四省之地給日本。自由黨則要吉林、盛京、黑龍江、東北三省以及台灣。陸軍看中了戰略要地遼東半島。海軍則因為便於南進，非要台灣不可。

講和談判在日本的下關舉行。日本方面的代表是伊藤博文和陸奧宗光兩人。李鴻章則由天津乘船到來。伊藤和李原是舊識，談話相當投機。首先李大大稱讚日本近代化政策的成功，恭維伊藤的功績，這次的戰爭能使得清廷從迷夢中覺醒過來，反而不能不感謝日本。日本和清廷原是兄弟之邦，不能不互相提攜，締爲同盟，李鴻章這番話並不是敗軍之將討好勝利者的言辭，而是出自肺腑的金科玉律。中日兩國凡是掌握國家命運的人，都應該服膺的。祇可惜日本人被勝利沖昏了頭，驕橫自大起來，忘記了他們幾十年前也曾受過洋人的欺凌。

陸奧在他的書《蹇蹇錄》中觀察李鴻章寫道：「李已經是古稀老人，但是容貌魁偉，言語爽朗，確能稱爲清廷一人物。」

雖然惺惺相惜，英雄識英雄，但是日本總少不了有粗chao莽撞的人。有一天李乘車由會議廳散會歸來，一個日本武士從暗處衝出，跳上李車，拔出手槍就打。幸而祇射中了李臉的一小部分。日本方面大爲恐慌，深怕列強會譏諷它野蠻，於是趕快在李的病榻前簽訂了和約：

一、承認韓爲完全的獨立國。
二、割讓遼東半島、台灣及澎湖島給日本。
三、賠償日銀二億兩，分七年支付。
四、清國與西歐國家所簽訂之條約方式，日本亦完全仿照。
五、重新在沙市、重慶、蘇州、杭州開港。
六、日本有在揚子江航行之權。
七、日本國民得在清國從事各種行業。

日本已經完全學會了西洋人從前對付它的辦法，現在拿來對付清廷了。不過它還變本加厲，十分苛刻。結果連西洋人都抱不平，看不下去了。於是俄國、德國及法國紛紛起來抗議，說遼東半島是大陸的一部分，地聯韓土，如果割讓給日本，則韓國獨立將受到威脅，清廷的安全也有危險，對於遠東的和平有很大的影響，日本這一條非放棄不可。李鴻章與俄使交誼最好，俄國因此也反對最力。俄國是日本的鄰國，又是號稱世界上一等強國，日本對它不得不顧忌，祇好讓步。但是不免懷恨在心。十年以後，這宿怨終於發洩出來了。

這就是史上算是日本最觸楣頭的一件大事，名爲「三國干涉」，是日本初出茅廬便挨了一悶棍的事件。

請出大院君當傀儡

這時已是光緒二十一年光緒帝親政已經六年多。孫中山先生在前一年的十一月組織了興中會，鼓吹革命。本年的四月裡，在國內康有爲發起的公車上書，如火如荼，中國的青年求新求變的潮流澎湃起來。到了十月，孫中山先生第一次革命行動雖然失敗，但震撼了全國，革命已經奠定基礎。

韓國也發生了變化。由於三國干涉的關係，親日派大受打擊，以爲日本怕了俄國，同時也受不了戰後日本人的氣焰，首先閔妃就轉向了。她開始發覺日本的野心，認爲日本是個不可靠的假朋友。恰巧俄國人向她伸手，她便毫不遲疑地和俄國人搭上線，把政府裡的親日派清除。這一下子惹火了日本，日本便不客氣地派兵衝入皇宮，將她刺死。一個如花似玉的聰明貴婦人，由於玩弄政治，企圖復興自己的國家，卻不幸死於她原來信爲眞朋友的日本之手。

閔妃被殺之後，日本衹好再請出大院君來做傀儡，處理朝政。大院君眞是走了一步輝煌的老運，不但可以重享他昔日風光，過逍遙的日子，並且大權在握，爲所欲爲。

八國聯軍與英日同盟

戰敗了的大清帝國，慈禧皇太后的老運又如何了呢？是不是還可以再垂簾聽政？小皇帝自從親政以來，頭幾年很乖，作風是遵從母后的指示行事。不過甲午戰爭後，形勢慢慢變了。民間求變的呼聲高揚起來，小皇帝受了潮流的影響，起用當時新派人物如康有為、梁啓超、譚嗣同等人。他們認為日本人能自強，為什麼中國就不能。我們非徹底改革不可。但滿朝的王公大臣有很多懷念舊制的，希望太后重新垂簾。恰巧這時風傳皇帝有發動政變的企圖，將包圍太后住處的頤和園，再將她軟禁。此事為袁世凱告密，被太后知道，大怒，反而將小皇帝軟禁在宮中的瀛台。這是小皇帝親政後剛好十年。

太后於是又掌政了。掌政後第一件大事，就是將皇帝所親信的人處死。譚嗣同、楊銳、劉光第、林旭、楊深秀以及康有為的弟弟康廣仁六個人，同被綁赴法場砍頭，後世稱為戊戌政變的六君子。康有爲逃脫。譚嗣同死前已知他將賈禍，很從容地到日本駐華使館去看他的老友梁啓超，託梁爲他保管詩文集，並且囑咐繼續革命，對梁說：「吾任其易，公任其艱。」他所謂易，是赴菜市口從容就義。六個人當中，除了康廣仁之外，都是飽學之士，一個個也都是赤膽忠心不怕死的漢子。

慈禧殺了六君子之後，更爲所欲爲了。她已是六十開外的人，顯出老態，脾氣非常急躁，容易發怒，而尤其年紀大了，相信神神怪怪的事。

日本自從甲午戰爭勝利後，每年由大清國得到大批白銀賠償，用這批意外之財，轉投資到重工業上去，很快就成爲超級強國。日本有了這樣本錢，當然野心大發。他們想利用韓國作爲北進滿洲的據點，利用台灣作爲南進福建廣東的據點。這時帝國主義正在澎湃，整個中國在列強覬覦之下，都想要瓜分這塊土地。德國先占領了膠州灣。然後帝俄奪了旅順大連。英國拿了威海衛和九龍半島。法國則取了廣州灣。日本看在眼裡，哪能不羨慕，於是忘記幾十年前受列強欺凌的往事，也來分一杯羹了。不過日本還是一個初出茅廬的後輩，雖然有北進南進的計畫，但不敢同時實行。而尤其當日本企圖向台灣對岸清廷的福建省用兵的時候，遭遇到英、美兩國強硬的抗議，祗好知難而退，暫時放棄南進計畫了。

義和團與八國聯軍

慈禧太后幽禁了小皇帝之後，選中了端王的兒子為她的孫子，預備承繼皇位。她依然垂簾聽政。這時她脾氣很壞。洋人鬧得厲害，義和團也鬧得厲害。義和團前幾年曾經嚴禁過，但是端王卻幾次三番說這班人是忠義之士，並且有一身好武藝，不由得太后不信，況且她很欣賞滅洋扶清的呼號，所以她同意端王的看法，認為義和團是一群忠義之士。所以義和團雖然到處闖禍，但她始終認為是滅洋所激起的義憤，而不願加以剿伐。於是在寬容的政策下，義和團就愈鬧愈凶，先殺了一個日本使館的書記，又在鬧區裡殺傷不少人，連自己的官員都在被殺之列，實在鬧得不成樣子。

洋人看不下去，聯合各國，想要共同干涉這事，反而激怒了太后，預備向各國宣戰。這時，德國公使克林德要向清朝的官員打探消息，乘坐一頂大轎前往總理衙門。途中我神機營的士兵竟不顧一切，攔住來轎，拔出手槍，亂射一陣，將德使打死。這一下子禍可闖大了。和不再有希望，衹有硬著頭皮把東交民巷打下來。東交民巷是使館區，彈丸之地。不料這彈丸之地，洋人卻守得很嚴。清廷的勁旅幾個星期也打它不下。而這時英、德、俄、法、美、日、義、奧八國聯軍已由大沽口登陸，攻占天津，一路向北京進發。聯軍總共一萬八千三百人，大砲七十門。八國之中，日本的野心最大，所派軍隊獨占半數，有九千人之多。俄國人也乘拳匪之亂，說要保護鐵路，派了兵占據東北很多地方。日俄兩國很顯然地對立了起來。

八國聯軍很順利地攻進北京。太后沒有辦法，祇好倉皇逃難。不過在臨行前，她命人將她的眼中釘珍妃推到井裡活活淹死。逃到西安，才算定了心。這時太后不得不依從聯軍的命令懲凶，殺了很多人。端王是皇族，得免一死，不過也不能不受充軍新疆之苦。至於賠款，幾乎是一個天文數字——四萬萬五千萬兩。太后吃了拳匪的教訓，但是還不覺悟。皇帝依然不得自由。不過總算將端王之子大阿哥廢了，因爲他品行實在不像話。拳匪之亂至此算是告了一個段落。

日英同盟

在拳匪之亂當中，日本出盡鋒頭，簡直以東亞憲兵自居。八國聯軍的統帥雖然讓給了德國，但是日本出兵最多，戰績也最好，博得大家的讚美。由於這次的表現，英國很看中日本，認爲它很有出息，可以做幫手。英國這時由於「柏阿」戰爭陷入困境，同時殖民地太多，頗受列強的責難，很想找個人替它說說好話。日本正是最好的選擇。不但可以爲它辯護，又可以替它維護在遠東的利益。日本這一方面呢，則因爲美、英兩國都不許它南進，祇有北進，向北方發展，雖然會碰到帝俄，但如果有英國撐腰，就膽大多了。況且英國財多，是有名的富翁，萬一有需要，可以請求幫助。兩國因此很順利地結成同盟。同盟成立之時，是一九〇二年的正月。

這時已經轉入到二十世紀了。日本的一個激進社會黨人幸德秋水在一篇社論中，論二十世紀之怪物道：

蔚矣盛哉，所謂帝國主義之流行也，其勢如燎原之火，世界萬邦皆慴伏於其膝下，讚美之、崇拜之，莫敢不奉侍。試觀英國朝野舉國上下皆爲其信徒，德意志好戰皇帝捧誦之、鼓吹之，俄國則視之爲傳統立國方針，而法、奧、義等國亦頗樂與相交，至於彼美近來亦與之效尤。而我日本至日清大戰後我方大捷，因之上下狂熱如悍馬之脱軛。世界各國競相以實行帝國主義爲榮，眞人類之悲劇也。嗚呼！二十世紀之新天地吾人應如何經營之耶？吾人欲世界和平，而帝國主義必欲攪亂之。吾人欲隆興道德，而帝國主義必欲殘害之。吾人欲自由平等，而帝國主義必欲破壞之。吾人欲生產之能公平分配，而帝國主義反偏激不公。文明之危機，莫過於此矣。

秋水的論述，說明帝國主義確是二十世紀的最大毒癌，帝國主義不但阻礙了人類想望的和平，反而使得貪婪的習性無限制增長，導致人類的自我毀滅。

有被瓜分危險的中國

的確，二十世紀的日本已瘋狂得像匹不羈之馬，唯獨可憐的中國，不但沒有沾到二十世紀帝國主義的甜頭，反而像即將被宰割的羔羊，聽候列強瓜分了。他們忘記大清國也有過一段輝煌歷史，曾經是亞洲第一大國。他們直以爲中國不過是一塊蠻荒處女地帶，可以隨便吞噬，於是帝俄強借了旅順大連，英國占領了香港九龍，德國強占了膠州灣，和經營了青島，法國占據了廣州灣，而歐洲的一個弱小國葡萄牙也來占據了澳門。日本在這情形下，看得眼紅，明知千餘年來受恩深重，不應乘人之危，做出不義的舉動，但是利欲薰心，昧著良心，也加入了瓜分大清國集團。

甲午戰爭後，日本更横著心與帝俄競爭，攫奪遼東半島。拳匪之亂，帝俄派了軍隊占領滿洲，奉天吉林兩省幾乎全被蹂躪，名義是保僑，暫時性的措施，是李鴻章同意了的，但是拳匪平定了之後，清廷要求俄軍撤回，帝俄兩次都不理會，很明顯，它有吞併這一大塊肥沃土地的野心。自從明治三十一年以來，日本元老伊藤博文早就對帝俄起了戒心，寧願辭退一切勳爵和名位，去做一個自由人，組織政黨，不再以自己黨的利益爲利益，而以國家大局的利益爲利益。他數次組閣都保持了不自私的信念，對俄政策，也絕不採取利己的戰略，和美國與大清帝國締訂了美日與日清條約，獲得了安東爲開港地。雖然如此，但是到一九〇三年，日俄戰爭還是爆發了。

日俄戰爭

一九〇三年的十月，好戰的日本人中，便有東京帝國大學七位博士聯名致當時的首相桂太郎，建議對俄宣戰。於是一九〇四年交涉談判破裂，八月日本軍艦襲擊在仁川和在旅順的俄艦得手，到了十月才正式宣戰。日俄兩國的軍隊就在中國的領土上大打特打起來。雙方都死傷慘重。到了第二年的八月，日本又在海上打了一個決定性的勝仗。東鄉平八郎的艦隊，把俄艦從旗艦以下九艘擊沉，餘艦逃到旅順，依然構成相當大的威脅。於是日本陸軍開始攻擊旅順。但俄方死守不退，日軍幾乎全軍覆沒。到了十二月，才攻下二〇三高地，由旅順港下瞰，可以看到俄國殘餘的船隻，在居高臨下的有利形勢下，日軍將俄艦全部消滅。俄國不得已降伏了。仗是打勝了，但是日本也打得筋疲力盡。日本總共動員了兵力一百零九萬，被打死的卻有十一萬人之多，不能不算是很大的犧牲了。

在這雙方幾乎不能再作戰的情形下，美國總統自願做調人，建議在樸茨茅斯爲日俄兩國議和。日本當然求之不得。俄國也因爲內戰開始，不願再用武。於是就在美國總統老羅斯福的斡旋下訂了和約。和約的內容如下：

一、俄國承認日本有隨意支配韓國之權。
二、日俄兩國皆應自滿洲撤兵。
三、哈爾濱到旅順的東清鐵路讓給日本。
四、遼東的租借權讓給日本。
五、樺太半島南半部讓給日本。

綜觀這次條約，最倒楣的是韓國。它喪失了獨立自主權。其次是中國。遼東是中國領土，租借權卻隨便被人支配。俄國在這次大戰中，祇割讓了樺太島的一半，餘下來的全是在中國奪去的既得利益。

這次戰爭之後，日本一躍成爲世界上一等強國。它躊躇滿志，尤其老百姓之中，有不少得意忘形的，不了解政府已經聲嘶力竭，還覺得所得到的戰利品不夠豐盛，於和約簽訂後，在日比谷公園舉行大會，反對和約。民眾群起暴動，殺死維持秩序的警官十七人。這也說明了日本民族的好戰心態。

這時日本和韓國締結了保護條約，韓國變成受日本的保護了。不久就成立了一個韓國統監府，由元老伊藤博文任統監，事實上已經吞併了韓國。

中國革命成功建立共和

中國這一方面，則革命浪潮一波接一波澎湃起來。革命志士女傑秋瑾被處死。制憲的五大臣預備出國考察，臨行的時候遇刺不能成行。更糟的是，這時朝中已無老成人，祇有一個袁世凱還能出點主意。大清王朝的末日到了。太后及光緒帝都有病在身，奄奄一息。到了西曆一九〇八年十一月十四日，光緒帝駕崩。十五日慈禧太后也歸天了。兩年之後，黃興起義，汪兆銘刺攝政王，革命風潮如火如荼。第二年三月又發生了黃花岡事件。雖然志士死了不少人，但是清室覆亡的命運已成定局。十月辛亥革命成功，東亞第一個民國誕生了。

民國的元首孫中山先生是位崇信大亞細亞主義的人物，認爲中國必須聯合日本，兩國才能有希望，黃種人才能有出頭的日子。他苦口婆心說服了不少日本志士，其中有宮崎兄弟。長兄民藏是個對土地問題非常有研究的人，中山先生平均地權的理論受他的影響不少。辛亥革命時，民藏在上海日租界一個公寓裡，協助黃興和其他革命黨員，充任軍需，替黨保管資金。濟南日軍虐殺中國老百姓時，他曾在滬電日本出淵外務次官，請設法阻止日軍。雖然沒有發生作用，但總算還有一點正氣。他的弟弟彌藏也是浪人，同情中國革命，與中山先生非常投緣，很想加入黨，不幸早死，年僅三十。最小的弟弟名叫寅藏，最熱情，曾與中山先生會談過，大受影響。在他的著書《三十三年之夢》裡曾寫道：

彼以一種可悲可壯可歌可泣之語氣與態度，滔滔而言曰：嗚呼！今舉我土地之大，民眾之多，而爲俎上肉，餓虎爪而食之，以長其蠻力而雄視世界……余固自信爲中國蒼生、爲亞洲黃種、爲世界人道而盡力，天必佑我……

中山先生這番話，他聽了非常感動。他說道：「……余首肯、余心折，余私自懺悔。彼其胸中具數萬甲兵。彼其度量可容卿百輩。彼其手腕可以揮斥八極而無怍。余無以盡之矣。孫君者可謂東亞之珍寶也。我島國民所謂俠、所謂武士道、大和魂者，皆不足當一笑。嗚呼！不愧死亦當羞死。」由這幾句話裡，可以看得出他對中山先生有多欽敬。不過他們祇是區區浪人，沒有什麼政治力量。況且那時正當日本的國勢在膨脹時期，醉心於開拓疆土，不會有遠見約束自己。縱然有讀過中國古書的人，如犬養毅之流，也祇能表示同情而已。

根據日本學習與研究社發行的《日本と世界の歴史》中記載，有如下一段逸事，雖然不盡可靠，但確十分有可能。一個非常帥俊的獨身男子，流浪海外，怎麼能不被窈窕淑女追求呢。而正在孤獨寂寞的外鄉人，忽然有溫柔美貌的嬌娘垂青，怎麼能不動心呢！本來英雄配美人，是千古佳話，祇能是我們偉大國父純眞的寫照，不會是瑕疵。所以我們將此逸事轉載如下：

孫先生在日本的女眷

孫中山先生年輕時，相貌翩翩，是一位秀美的佳公子，而為奔走革命，長年在外，不免時有孤寂獨宿之苦。據日人考證，中山先生在明治三十一年即西曆一八九八年，亡命在東京時，認識一個與父母同居的未笄的小姑娘，名「薰」，長得極其窈窕可愛。她住在孫先生所住房子的樓上。有一次小姑娘不愼將一個花瓶打翻，水從二樓流下，流到中山先生的書桌上，弄濕很多文件。小姑娘知道闖了禍，馬上親來道歉。中山先生一見鍾情，默記在心，五年以後，才憑媒求婚。那時「薰」已長大，亭亭玉立，婚後二人恩愛異常。不久「薰」有孕，而中山先生為國事回國，先被選為大總統，半年多後又讓位給袁世凱。這時「薰」已生下一女，因為中山先生本名文，所以就給這女嬰取日本式的名字為「文子」。袁世凱繼位後，視中山先生如眼中釘，必去之而後快。為了躲避袁氏暗殺的凶鋒，不能不流浪，尤其不能久留在日本東京，甚至連音信都不敢通，中山先生的行蹤杳然，不知去向。「薰」三十六歲時，由於親朋的力勸，終於改嫁，一對恩愛異國鴛鴦，就這樣勞燕分飛了。文子生一子，酷似中山先生。他也是美男子，現年已三十二、三，在一個新聞社裡工作。祖母「薰」現年已八十餘，多病，不願談往事了。

孫中山結交日本朋友的緣故

中山先生生長夏威夷，在英國留學，在倫敦被清廷誘囚於使館，幸爲英國老教授救出。他平日飽讀英、美書籍，應該是位親西方的偉人，也應有很多西方莫逆之交，但卻不然，反而結交了很多日本友人，其中並且有不少生死之交。雖然是因爲中山先生篤信大亞細亞主義，認爲我們和日本人同是黃種人，應該相親相愛團結在一起，但是自從明治維新以來，我國不斷受日本百般欺凌和侮辱侵略，甚而有被它吞噬之虞，而中山先生仍不改初衷，始終主張大亞細亞主義，堅持同文同種不能自相殘殺。何以會有這樣固執的信念，令人懷疑是否有「薫」的因素存在。「薫」以處子之身，委身異國亡命之徒，犧牲半生青春，誰能不說是紅顏薄命。她用十分體貼的溫柔，化解了她同胞暴戾的行爲，用眞誠堅固了同衾共枕人的大亞細亞主義的信念，她的用心實在可以長留青史。大亞細亞主義雖然由於日本的不肯合作，未能成功，但瞻望未來必能有實現的一天，中日兩國必定能和衷共濟，致力於世界和平，孫中山先生的志願必能完成。

我們現在還留有「薫」十八歲時的倩影，是她高中畢業時所攝，身材修長，面貌姣好，稱得上是美人，與孫先生相配，可說是一對璧人了。

文藝開始發揚

日俄戰爭後日本獲得了勝利，這給日本國民好大的衝擊。他們認爲從此日本便是列強之一，有了信心也有了驕傲，自以爲是優秀民族。這種想法尤其在文藝界裡反映得最明顯。他們受到十七、十八世紀西方文學著作的影響，已經從人性肉欲方面，進而描寫心靈的一面，不再有像《源氏物語》以及《好色一代男》那樣的小說。在那個時期可以說是日本二十世紀初最有名的一部大作，是夏目漱石所寫的《我是貓》。漱石之外，人才輩出。森鷗外、島崎藤村、田山花袋、北原白秋、武者小路實篤、志賀直哉、永井荷風、谷崎潤一郎等，都是一九一〇年左右的文豪。此後還不斷地有作家脫穎而出，使得日本在世界文壇上也占有了一席之地。

夏目漱石

《我是貓》這部小說，是夏目漱石的處女作，由他的女友高濱虛子極力慫恿，才在一九〇五年正月間由一本文藝雜誌《黃鶯》十一期連載到八月裡才登完，是相當長的著作，發表之後登時洛陽紙貴，受到社會上的好評。

他那時剛從英國留學歸來，在東京帝大任英文教師。他以菲薄的束脩來奉養他的養父母，不過有時因爲窮而不得已，弄得饔飧不繼，招致雙親的誤會。同時他和妻室之間，也有很多不愉快的事情，不免常常勃谿，所以日子過得相當暗淡。爲了發洩苦悶，他借用了一隻貓的口吻來吐苦水，訴說人世間許多不平事。

在這本書一開頭，他就寫道「我是貓」，也就用這一句話，作爲書的題目。

他用滑稽詼諧的筆調，諷刺當時的各種現象。貓認爲不可理解的行爲，有傲慢、自大、無恥、殘忍、說謊、欺騙、偷懶、無情等等。總之在貓眼睛裡看來，人類所做的事無一是處。最後這隻貓對於人所嗜好的酒發生興趣。有一天牠喝得爛醉如泥，墜落水缸之中淹死。

漱石的漢文根柢很深，書中引用了一些中國詩詞，很多中國文人都很少用的。《我是貓》之外，他還繼續寫了一連串小說，其中多數是暢銷書。他眞可以算是一位精通東西文化的人，確是讓人景仰的文豪。

森鷗外

與漱石齊名的多產作家年齡也相彷彿的，是森鷗外。他年輕時候留學德國，就已經開始寫小說，並且出版發售。但是以後考上陸軍省的軍醫，幾年都因公忙，不得已衹好把心愛的嗜好中輟了。又過了幾年，他升任爲醫務總監，進而爲局長，工作反而空閒了很多，生活也很安定，於是他又利用餘暇恢復寫小說。

他和當時許多文藝界的人爲友，尤其與剛創刊的《斯巴路》雜誌社的發行人北原白秋、吉井勇等相友好，並且允爲該雜誌長期撰稿。這時漱石已享有文名，鷗外成爲漱石的好對手，也與漱石成爲莫逆之交。

鷗外的小說有獨特的風味，絕不迎合潮流。寫一篇婆媳不和，他不會用當時的時髦寫法，偏袒媳婦而忽略了做婆婆的。他會站在兒子的立場，先顧到孝字，所以認爲媳婦總應該順從婆婆，他寫道：「不孝的人能算是人嗎？」這種論調顯然不合新思潮，可以說是大膽的挑戰。

一九一〇年（明治四十三年）恰巧遇到大逆事件。幸德秋水參加在謀刺天皇的陰謀中，事機暴露，被判死刑。這案子轟動一時，全國震驚，他寫了一篇短小說敘說其事，題爲〈普請中〉。〈普請中〉的意思是說一個房屋尚未完成，正在修建之中。建國如同造房子，會遭遇到困難，衹要忠實地依建築師的藍圖進行，就可以完成，何必逢到挫折便大吼大叫。他認爲對大逆事件，政府不必發動輿論導致許多粗暴的言論，衹要認作是重大危機，維持國家的秩序就夠了。他對於社會主義及無政府主義也另有看法。在〈沉默之塔〉和〈食堂〉兩篇小說裡，同時諷刺了當時的社會，也說明了自己的立場。

以後他專心寫歷史小說，糾正了當年雜亂的各種各樣的論斷。到了一九一六年他轉入預備役，專心寫作。可是這年的十二月噩耗傳來，他的好友漱石以五十歲的壯年死了。這是一個非常大的打擊，他從此不熱心於寫小說，六年以後他也謝世。在他死之前，國際間發生了大事，俄國革命成功，而日本也發生了搶糧的騷動。他對於這兩件社會動亂，認爲都與社會主義有關，因此他便埋頭研究社會主義。他留下一篇小說〈從舊記事本找出〉，是他的研究成果。最後他因爲是山縣有朋幕僚的一員，不得自由，終其生沒有脫離官場。

白樺派的登場

一九一〇年（明治四十三年），一批學習院畢業的校友組織了《白樺》雜誌社，是一個高級文藝刊物，主要的負責人是武者小路實篤、志賀直哉、木下利玄、有島武郎、里見弴等十餘人。他們都是有錢人的子弟，其中甚而有貴族。他們受過西洋文化的洗禮，有好奇心，愛好自己的國家，想要促進人民的知識，於是努力引進西方的文物，無論是美術、文藝、詩歌，都網羅在內，每期雜誌必定將西洋名作家的作品，如羅丹的雕刻，賽沙能、果敢等的油畫都照相拍攝出來，刊在封面上，目的在介紹世界上有名的藝術作品，不過他們也沒有忘記鼓勵自己國家的天才畫家。岸田劉生是一個好例，岸田原本不十分爲人所知，由於《白樺》的介紹，很快被捧成名畫家了。總而言之，《白樺》對文藝的介紹有極大的功績。日本的文藝，由於這本雜誌的產生而蓬勃起來，日本從抄襲西方文物，再進一步與固有的東方文化結合、改良、再進步創新，完成了日本特有風味的藝術，使得全世界都對它刮目相看了。祇可惜自從軍閥專政，法西斯潮流侵襲進來後，便看不見其有什麼進步了。

伊藤博文與明治天皇之死

大清王朝已經被風起雲湧的革命怒潮推翻了。那時中國還脫不了帝王思想，唯獨孫中山先生早就受到西方民主風氣的影響，採取了新作風，廢棄了世襲的制度。他接受全國人民的推戴，爲亞洲國家第一任大總統。這一創舉的確在當時是非常使人一新耳目。自從堯舜以來，幾千年都是以武力奪取政權，然後傳之子孫，從未有以揖讓爲國的。但當袁世凱霸據北方，不肯南來向中山先生投誠時，中山先生爲後代萬世做榜樣，毅然決然將大總統的寶座讓給了袁世凱。沒有想到袁竟要篡奪皇位，是個野心勃勃的小人。北洋政府於焉成立。不旋踵袁死，變成軍閥割據的局面，禍國殃民幾十年。

伊藤博文之死

當了三年半日本駐韓統監，元老伊藤博文到哈爾濱，預備同俄國財政大臣可可夫契夫會商要件。不料當他下火車，和來迎接的人握手寒暄的當口，忽然由人群中竄出一個刺客，向伊藤連發三槍，三槍都射中要害，伊藤當場倒地，三十分鐘後便斃命了。刺客是一位韓國志士，名安重根，立刻被俄官憲捕獲，翌年三月送往旅順執行槍決。伊藤性格豪放，有遠見，寫一手好漢字，對中西學問都有精闢見解，他唯一的缺點是性好漁色，曾經鬧過很多緋聞。

伊藤是長州的藩士出身，也是吉田松陰的門人，與當時的俊賢相交親。吉田被幕府處死後，伊藤憤懣之極，隻身赴長崎，開始用西洋方法窮追事理，有很多新發現，使他開拓新境界。這時木戶孝允奉了藩命到江戶去，伊藤便跟隨木戶同行，從此以後兩人成為莫逆之交。雖然兩人同是青年，也同是勤王攘夷的忠實信徒，但是卻具慧眼，認為盲目地和洋人死拚，殊為不智，倒不如親身到西洋，學會了他們的作法，才是正辦。於是在文久二年，他聯合了井上馨、山尾庸三等幾位同志，拐帶了藩庫存金，乘船到了倫敦。在那裡，打聽到英、美、法、荷四國預備聯合起來大舉進攻日本，於是他和井上馬上歸國報信。雖然沒能對戰事有多大的幫助，但是他這一趟來回，卻增長了不少見識。對於戰敗後的和談會議，伊藤的斡旋建立了很大功勞。維新後，他就派任外交工作，頗受倚重，一度升任為岩倉大使的副使，一同訪問歐美各國。

西南之役後，西鄉隆盛被誅，繼之大久保利通又被刺，維新時勳舊幾乎寥落殆盡，這時有資格擔當國家大事的人，除了伊藤之外，要算大隈重信、坂垣退之助，而這二人祇注意他們政黨的發展，沒有留心到世界全盤大局。五六年前甲午之戰日本大捷，日人祇顧自己的繁榮，而漠視歐洲各界看穿了中國，正在瓜分這塊肥沃土地。伊藤察覺到危機已在眉睫，有唇亡齒寒之感，認爲非喚起國人預作準備不可。所以他開始組織立憲政友會。這時又步入到一九〇〇年代。從此他以官員身分，改任政黨總裁，接連當過四次首相，組織過四次內閣。一九〇三年他改任樞密院議長，一九〇九年在哈爾濱遇刺身亡，享年六十有九，日本一代偉傑從此長眠了。不過伊藤被刺的事件給了日本一個侵韓的好藉口。

併吞韓國

很早以前，在明治三十年春，日本駐韓公使林權助已經發揮了他的外交長才，乘帝俄有內亂，無暇東顧，遊說了韓廷，使得韓國漸漸疏遠帝俄，再與日本訂立一項議定書，文曰：

第一條　日韓兩帝國間應保持永恆不易之親交關係。爲確保東洋和平，大韓帝國政府對大日本帝國政府各種施設之改善，應接納其忠告。

第二條　大日本帝國政府對大韓帝國之皇室，確保親密情誼，務期達成安全康寧。

第三條　大日本帝國政府將確實保障韓國之獨立及領土之完整。

第四條　由於受第三國之侵害，或因內亂關係危害大韓帝國皇室之安寧或其領土時，大日本帝國政府得隨時採取必要措置。而大韓帝國政府對該項行動應予以充分便利。

這個議定書在表面上看來，似乎是一件善意的保護韓國皇室的安全文獻。實際上誰都看得出是韓國的賣身契。伊藤被刺後，日本以討伐暴徒爲名，動員了兩萬軍隊，差不多軍事占領了半個韓國，搜索安重根的同黨，並且由當時的外務大臣小村壽太郎，向首相桂太郎正式提出「在適當時期合併韓國」。韓國就這樣亡了。這是日本明治四十三年。西曆一九一〇年。韓國志士詠詩道：「自古亡國多如鯽，亡得分明不足悲。」韓國亡了之後，日本把韓國的國號也改了。從此不許稱韓國，要稱朝鮮了。

恐嚇天皇的一封信

日本是個過激的民族，滅了韓國、殺死很多韓國志士之後，還有一班人總覺得發洩得不夠。那時俄國正風行無政府主義、社會主義和共產主義。他們都主張使用暴力。這最配合日本人的胃口。雖然日本的國情和俄國大不相同，但總會找得出一個行凶的理由。這時忽然由美國寄給日本宮內省一封文件，上書給「日本皇帝睦仁君」。打開一看，是一份舊印刷品，印有長長的一封信。明治四十年十一月三日天長節那一天，舊金山日本總領事館門口也張貼著同樣的一封信。總領事大驚之餘，想把散布在僑民間的信趕快收回，但已經來不及，因爲似乎散得很多。傳單上書暗殺主義第一卷第一號，下面聲明道：「我們是一批主張暗殺的人，這是我們的口號和信念。」再下面就是給天皇的信。內容大略如下：

日本皇帝睦仁足下：我們是一批無政府黨革命黨暗殺主義者，現欲對足下申述一言。足下知否，足下之祖先稱爲神武天皇者究爲何種人物？日本史學家稱之爲神。是不過爲對足下一種阿諛之辭，全屬虛構。根據自然法，事實上彼不過與吾人等耳。乃由猿猴類進化而爲人，並無特別權能，今日再無須喋喋。彼實從何而來，現仍議論紛歧。倘非土著，即應來自中國，或由馬來半島漂流而來。現足下爲維護足下之既得權益，使得該權益變爲無限大，成立政府，制訂法律，集合軍隊，組織警察。而爲使人民順從，實行奴隸教育。其必然之結果，即產生所謂異族、所謂資本家、所謂官吏。於是人民成爲奴隸，絕無自由可言矣。而足下則成爲神聖不可侵犯之人物，享有太平紳士之樂，人民則日益苦矣。現凡主張自由之報章雜誌之作者，不已盡投之獄中乎？甚至根據憲法組織之日本社會黨，不已遭解散之命運乎？故吾人斷言是可忍孰不可忍。足下為吾人之敵，自由之敵。吾人並非喜好暴力，然對暴力不能不以暴力反抗之。故不能不施行暗殺。

睦仁君足下，可憐之睦仁君足下：足下之命在旦夕，炸彈已在足下周圍，即將爆炸。別矣足下。

這好像是封恐嚇信，因為明治天皇並非死於暗殺。不過這封信無疑地起了很大的震撼，證明日本人喜歡過激思想，連天皇都在暗殺之列。這封信的撰寫人是誰，至今尚未查出。不過三藩市日本總領事館的附近有一所紅房子，常有日本無政府黨人士出入。很明顯地這封信是他們寫的。對天皇寫恐嚇信已經構成大不敬罪，是死罪。但是美國沒有這種罪名，所以無法追究，衹好算了。

幸德秋水

這時在三藩市有個人名幸德秋水。他在養病。乘著處在自由的空間裡，他研究了日本的政治、經濟制度，發現有很多不合理的地方。同時又受到俄國一個無政府主義者弗利其夫人的影響，思想起了變化，和當時新成立不久的社會主義者的言論起了共鳴。於是他也大呼：

「革命來了！革命來了！革命開始了！在俄國已經風行，馬上全歐洲會普及，由歐洲再普及到全世界，將如猛火之燎原，到處蔓延了。現在的世界是革命的世界。現在的時代是革命的時代。我們是時代的寵兒，不能不成爲革命黨員。」

他不但想當革命寵兒，並三番五次要刺死天皇。不過沒有機會。他衹能當社會黨的左派黨員，繼續採取過激行動。在一次歡迎一位同志出獄的機會上，他發動黨員，高舉紅旗，上書無政府主義萬歲，並且拿著旗在會場翻動，走出走進。這時等在一旁的警察衝了進來。於是一場混戰開始，逮捕了好多人。幸德秋水雖然在這一次的混亂中沒有被捕，但因爲他仍不放棄他那暗殺天皇的計畫，結果終於被捕，判處死刑。這是明治四十四年的事。四十五年七月底，明治天皇不用炸彈來暗殺他了。他害尿毒症死了。得年五十九。

明治天皇的事蹟

蓋棺論定，明治不能不算是稀有的好皇帝。他使日本從封建時代一個受西洋各國欺凌的小國，一躍而成爲世界上一等強國，所花費的時間，不過四十多年，不能不說是曠古以來未有的奇蹟。他勤儉愛民，死時多少人爲他殉死。有名的勇將乃木大將，在聽到他的死訊時，便和夫人雙雙自殺。乃木是儒將，漢學相當有根柢，是攻陷旅順二〇三高地的功臣。他有名的詩句至今膾炙人口。詩曰：

山月草木轉荒涼，十里風腥新戰場；
征馬不前人不語，金州城外立斜陽。

這樣一位文武全才的老將，肯爲明治殉死，但居然也有人要他的命，不能不說日本人的性格不可思議。

大正天皇繼位

明治天皇駕崩後，太子嘉仁繼位，改年號為大正。嘉仁跟他父親不同，體弱多病，也沒有他父親的睿智與決斷，是個平凡的老實人。不過他承襲了四十多年的太平盛景和兩次戰勝之威，並且還承襲了一個改革好了的國家和一個上了軌道的政黨政府。他衹要坐享其成，安心做他喜愛的研究工作和參加各種無味的儀式，就可以算是極有福氣的君主了。

不過他的臣民卻不容許他享有這樣的清福。大正元年東京就發生了市電的大罷工，使得東京市的交通為之癱瘓。繼之而來的是不景氣。外債竟超過了十六億圓。大阪市鬧大貪污案，市議員半數以上不能不改選。而最糟的是軍方要求增加軍備。雖然打勝了俄國，卻不能不隨時防備它的報復，起碼需要增加兩個師團的兵力。同時由於戰勝帝俄的關係，不免因勝而驕。在美國夏威夷和加州的日僑氣焰萬丈，引起美方的疑慮，防備日本將併吞滿洲，因此加強了舟艦。日本於是也要求政府建造三艘軍艦。這更刺激了陸軍，強硬地要內閣增師。內閣協議之後，認爲延期一年則可，否則就是內閣倒了也不能答應。但是陸軍還是不肯讓步。陸軍大臣上原向大正天皇告了一狀，說內閣完全不關心國防。身爲陸相無顏再留在內閣，請求辭職。這不啻是彈劾了內閣。軍方本來就有所謂的帷幄上奏權。軍方和內閣衝突的時候，內閣勢不能不倒，迫得西園寺內閣總辭職。可是輿論卻同情內閣，認爲沒有必要增師。如此擾攘了一個多月，增師終於延期了。

增師事件鬧得滿城風雨，雖然決定延期了，但是輿論界仍不肯輕易罷休。護憲運動在大阪、神戶、廣島、京都等地區都如火如荼地展開。桂內閣不得不因此而辭職。這一事件導致軍部做了一個重大改革，就是從此海陸軍大臣不限定由現役人員任職。非現役預備役的大、中將都有資格。此後內閣的組成似乎容易些，大約不至於因找不到陸海相而不得不拜辭大命。

第一次世界大戰爆發

這時已是大正二年，歐洲的局勢已經不穩。德國的軍事預算大得可怕，巴爾幹第二次戰爭又起。英、法、俄三國同盟締定。大戰即將爆發的恐怖，縈繞在每個人的心中。唯獨日本人幸災樂禍，唯恐天下不亂。果然到了大正三年即西曆一九一四年的六月，塞爾維亞的一個青年志士，跳上奧國皇太子夫婦所乘的馬車，把這對璧人用手槍打死。塞爾維亞和奧國有世仇。塞爾維亞正想要發展它大塞爾維亞主義的時候，奧國就來橫加阻撓，它焉能不氣惱。這件事很快地擴大。德、奧、義、英、法、俄、土諸國都捲入在內，成爲第一次的世界大戰。日本被邀參戰。

日本是英國的同盟國，所以英國不得不邀請參戰，但是又怕日本藉機發展在遠東的勢力，所以英國在八月四日的邀請參戰函中，祇表示希望日本如果在黃海裡發現德國武裝的巡洋艦或商船，就將它擊破。不過在八月八日的日本閣議中，加藤高明外相卻大聲說道：「這是千載難逢的好機會。我們可以將德國在遠東的根據地一掃而光。日本的國際地位也可以因參戰關係而提高。」就這樣日本也成爲參戰國的一員了。日本將德國在遠東的種種設施加以破壞，作爲參戰主要目的，通知了英國，使得英國十分狼狽，在接到日本方面的通告之後，馬上回覆說英國祇希望日方能保護英國的商船不受攻擊，並不要日本擴大範圍。但是日本不肯。到八月十五日，日本正式遞交駐日德國大使一份最後通牒，由八月二十三日正午開始，與德國進入交戰狀態。

於是日軍就封鎖了膠州灣，然後又從龍口登陸。激戰之後，包圍了青島要塞，很快地將要塞占領。然後派兵將在遠東的德國艦隊擊沉。並占領了所有德國在太平洋中的島嶼。這時已是大正三年十二月末了。

袁世凱的誤國

日本換了新時代，大陸上的中國也換了新時代。辛亥年即西曆一九一一年十月十日，武昌起義，全國紛紛響應。十二月二十五日，孫中山先生自美國歸抵上海，全國十七省代表中，有十六位代表推舉孫中山先生爲中華民國臨時政府第一任大總統。中山先生由上海啓程，乘車赴南京就職。從此中國五千年來的政治體制，不再爲君主專制，而改爲民主政體了。可惜好景不常，南北和議達成協議後，中山先生辭職，由袁世凱繼任總統。從此大權落在袁世凱手中。

袁是充滿權術的人，跟滿腹經綸、正人君子、一心爲國的中山先生不同。他會使詐，會騙人，會用各種手段，是個老奸巨猾的人。根據約法，總統應該以南京爲首都。於是孫先生就派了專使，迎接新選出的總統袁世凱南下就職。但袁不願離開他勢力範圍之地北京，密令所部縱兵大掠，在北京城內縱火，迫使歡迎人員不得不遷就事實，允許袁在北京就職。袁此計得逞後，便繼續使用各種陰謀，破壞了簡單純潔的革命情操。到了民國二年，他痛恨宋教仁組織國民黨，賄買了黑社會人物，將宋刺死於上海北火車站。但是很快地就被人查證出來是他所指使。眞相揭露後，舉國大譁。袁世凱老羞成怒，決心剷除反對黨勢力，不惜舉外債。剛巧英國早有意支持袁，於是聯合起英、美、法、德、日、俄六國，組織六國借款團，借出二千五百萬英鎊給袁。袁拿了這筆資金，便用作壓迫革命黨人的資本。唯獨美國認爲這借款的用途有妨害中國行政權之嫌，中途退出，成爲五國借款團，二十一條的提出說明了美國當初是有正義感的國家。

袁手裡有了錢，便如虎添翼，很快平定了第二次革命，解散了國會，他正躊躇志滿地準備和妻妾們過陰曆新年時，忽然日本駐華公使日置益漠視外交常軌，越過外交總長陸徵祥，直接晉見總統，遞交了一份舉世聞名的文件——二十一條。袁看罷大驚，但一時無法與日抗衡，祇有忍氣吞聲，虛與委蛇，同時他急於想黃袍加身，過皇帝癮，認眞地袍笏登場。全國人民聞悉大譁，在咒罵聲中，又不得不撤回帝制，皇帝祇做了幾個月。一場鬧劇剛落了幕，日本軍人已等得不耐煩，下了哀的美敦書。袁不得已，只好在五月九日簽字。在眾叛親離下，他憤恚致疾而死。而他所簽署的二十一條卻活生生地流傳下去了。

二十一條大要如下：

一、大戰後日本得向德國商訂在山東享有之權益如何處分。

二、中國不得將山東及其沿海島嶼租借給其他國家。

三、中國自動闢山東各城市爲商埠。

四、允許日本建築由煙台連接膠濟鐵路之支線。

五、日本在旅順、大連之租借地與南滿安奉鐵路權利延長至九十九年。

六、日本臣民在東三省南部、內蒙古東部有租借購買土地、居住、經商、獨占開採所有礦山之權。
七、中國如許他國人築鐵路或延聘政治、財政、軍事顧問時，須先得日本之同意。
八、中國如須向他國借款時，須得日本之同意。
九、吉長鐵路委託日本經營期限爲九十九年。
十、漢冶萍公司由中日兩國合營。
十一、中國所有沿海島嶼不得租借或割讓他國。
十二、福建全省鐵路、礦工、港口設備如需外資，須先與日本協商。
十三、中國各地警察由中日兩國合辦。
十四、日本在中國所設之醫院、廟宇、學校均享有土地所有權。
十五、中國政府須聘日人爲政治、財政、經濟顧問。
十六、中國須向日本購買半數以上之武器。
十七、中日合辦軍械廠。
十八、聘用日本技師。
十九、購買日本材料。
二十、武昌、南昌間，南昌、杭州間，南昌、潮州間之鐵路由日本建造。
二十一、日本人有在中國傳教之權。

這就是有名的二十一條。日本忘記了受過兩千多年中國文化的薰陶，現在趁歐洲諸國正忙著自相殘殺，它便露出猙獰面貌，毫無保留地要鯨吞中國了。這時孫中山先生以在野之身，聲明反對。於是舉國響應，定這日為國恥紀念日，並發起抵制日貨運動。日本知道此事不可勉強，所以條約雖訂，但也沒有認眞執行。

民國六年，西曆一九一七年，美國威爾遜總統發表一項聲明，主張沒有勝利的和平。因為同盟國方面以德國為主，另一方面協約國以法、英兩國為主，雙方打了三年仗，死了不知多少人，雙方都已經筋疲力盡。為了公道，也似乎非要有一個中立國出來打圓場不可。所以美國總統才有沒有勝利的和平的呼聲。日本則反是。發了大戰財的日本，它最希望雙方再打下去，人力的消耗，武器的消耗，經濟財政方面的消耗，都對它有百利而無一害。並且由於大戰的關係，很多工廠改裝製造軍用品。日本當年生產出來的劣貨，也能行銷到歐洲。日本發了大戰財，改善了它的經濟體系。錢多了，便想如何來運用，於是又想到中國。恰好中國這時正需要錢，袁世凱剛死，黎元洪繼位為大總統，段祺瑞任內閣總理，恢復袁世凱所廢除的約法，使得南北兩派和好起來。日本也換了內閣，由大隈換成寺內。寺內的侵華方針與大隈完全不同，他認為二十一條方式太露骨，反而會引起中國大眾的不滿，不如趁中國有迫切需要經濟援助的時候，予以援手，中國政府一定非常感激，然後再從中操縱。這就是後藤內相所主張的「文裝武備」策略。

文裝武備與西原借款

這時中國政府內，充滿了官僚、毫無近代知識的糊塗蟲，很容易受騙。雖然也有少數留洋學生見過世面，但不免鉤心鬥角，另懷私心，所以對日方實行的文裝武備策略，認爲日本眞有援我的誠意，顢頇無能的段祺瑞哪裡知道這是陷阱。日本既然有意貸款，便飢不擇食地接受了萬劫不復的西原借款。西原借款總共包括八種，總値爲一億四千五百萬日圓。在那時是個天文數字。單是武器一項的貸款，就已經是三千萬圓了。很多還飽了雙方要人私囊。零碎用途不知其數，一半以上是用在戰爭上。在中國軍閥互相爭權奪利的時代，日本不知發了多少財，而中國則不知死了多少人。

總而言之，西原借款在中國政壇上掀起過無數次爭議，在金融界不知引起了多少糾紛，是一個惡瘤，禍害了我們幾十年。這就是日本給我們的「恩惠」。

西伯利亞出兵

大戰經過四年苦鬥，總算打完了。俄國沙皇退位，成立了有史以來第一個蘇維埃政權。全世界都用好奇的眼光來看它。新思潮改變了很多舊想法，不過老帝國主義國家看它不順眼，尤其英、法兩國想要武力干涉。於是邀請日本共同往西伯利亞出兵。對用武最感興趣的日本，早就有此打算。參謀本部早想在貝加爾湖以東東部西伯利亞、再加上北滿洲和內蒙古，建立一個大傀儡國家，置於日本支配之下。現在既然有英、法兩國邀請，當然欣然同意。雖然當時有好幾位老政治家如山縣有朋、寺內和原敬都持穩重意見，但是軍部還是一意孤行，堅持出兵。和聯盟會商的結果，限定由日本出兵一萬二千，美國七千，英、法總共五千八百人，全軍指揮由日本負責。

於是一九一八年即民國七年，日軍以保護居留民為堂堂的藉口，乘船開進了海參崴港，先和效忠沙皇的殘餘俄軍聯絡，供給他們武器彈藥，讓他們隨同出發，並選出一位名賽妙諾夫的將軍領頭。但是他們軍紀很壞，姦淫擄掠，無所不為。美國士兵和日本士兵起先很不以為然，到後來反而學起他們來，成為一股土匪式的軍隊了。本來約定的出兵數字，日本不能超過一萬二千人，但是三個月後，因為地方實在遼闊，不能不增兵員。日軍占領了貝加爾湖東面的土地，所到之地，賽妙諾夫一定跟隨前往。土著人看他們來，就一定逃開，或者躲進森林深處，再伺機襲擊。爲了保持安全，日軍不能不暗中增加到七萬三千之眾。

反之，美、英、法軍差與賽妙諾夫爲伍，自動撤離了。日軍變成單獨作戰。一九一九年正月日軍有一個中隊、二月有兩個大隊及一個砲兵中隊被俄軍游擊隊全滅，鐵道橋梁、電話也全被他們破壞。日軍司令官大怒，認爲是過激派幹的。所以他就傳令把看到的村莊全部燒毀。這反而激起俄國人民普遍的憤怒。日軍到處被游擊，變成挨打的局面。更糟的事是日軍不耐嚴寒，十個人中有兩個被凍傷，並且師老無功，士兵都想家，而況這時正是過激思想當令的時候，宣傳共產主義，萬一一傳百百傳萬地傳染下去，後果便不堪設想了，日本軍部開始有了這樣的顧慮。

日軍初嘗敗績

一九一九年的春天，蘇維埃的紅軍開始反攻了。本來祇剩十六分之一的土地的蘇維埃政府，糧食武器都不足，又被外來干涉的百萬軍隊所包圍，好像已處窘境。但紅軍忽然非常英勇起來，爲保衛他們的工農祖國，發揮了英雄式的犧牲精神，連戰皆捷，將反叛者的首領葛魯加夫捉住槍斃。三月裡終於和日軍遭遇，兩方激戰三日，日軍差不多全滅，被蘇俄軍俘虜了一百人左右。後來紅軍知道日本方面將有大軍來援，就將俘來的日軍和反革命軍全部殺死後撤走，把城鎮也燒了。日本把這件事大宣傳而特宣傳，說共產黨紅軍有多殘暴，後來還製作了電影和戲劇，向全世界宣傳。

日本吃了這樣一個大虧，知道紅軍不可輕侮，衹好節節後退。它原來培植出一個緩衝國家，名極東共和國，此時也因爲受不到反革命軍及日軍的保護而自然解消了。做了四年多的夢，死了很多人，花了很多錢，日本軍閥總算嘗到了一次敗仗的味道。

正當日軍還在西伯利亞與俄國游擊隊作殊死戰時，中國得到了片刻的喘息。但北洋軍閥政府不知珍惜這寶貴時間，以圖自強，反而演出了張勳復辟的鬧劇。段祺瑞與徐樹錚兩人霸據內閣，不理黎元洪總統。上下其手，向日本借款購武器，名義上對德宣戰，事實上要想藉武力使南方屈服，實行對外宣而不戰、對內戰而不宣政策。不過段祺瑞沒有能得到國會的支持，而不能不去職。

十四項原則

這時歐洲經過四年的血戰獲得了和平。各國在和會席上發表宏論。其中以美國總統威爾遜的演辭十四項最得一般人的共鳴，是充滿了新思想的一篇大演說，替被壓迫的人吐了一口怨氣。於是與會的人一致決議，要根據這十四項來建立戰後未來的世界。剛開會的時候，日方首席代表西園寺公望還未到，對會場的氣氛不十分了解。幾天後討論到勞工問題，大家主張設置國際勞工機構，規定最低工資制度，八小時工作制度，勞工狀態之改善等九原則。大家同意，唯獨日本反對，大家祇好決議日本例外。日本還認爲是外交上一大勝利。對自己國內保持差別待遇，而對國外則主張人類平等，豈不矛盾。日本這種態度在國際間引起了批評。

山東問題

日本最關心的問題，當然是山東問題。日本在會前早就同英、法、義等國協商好，支持日本在和會上取得山東省的權益和領有南洋群島。不過美國一向非常反對日本在中國的行爲。開會時，日本代表正式提出要求，原來由德國占有的膠州灣租借地和山東省德國所有的各種權利，以及赤道以北德國領有的南洋群島，應該無條件交給日本。此案提出之後，中國代表顧維鈞馬上發言道：「山東省德國所領有的權益應該直接還給中國。」此話一出，使得日本代表大吃一驚。他辯稱：「根據二十一條，日本和德國之間，已經全都決定好了的。」顧答道：「那個條約是受最後通牒強迫要脅簽訂的，怎麼能算，完全無效。」顧否定二十一條，正當大會上瀰漫著民族主義精神和領土保全原則，因此他的直接返還的要求，獲得了喝采。

但是威爾遜總統深怕日本反對國際聯盟的成立破壞了和諧，所以對日本多方讓步。日本怕會犯眾怒，得不到同情，所以也不再堅持原議。結果討論到國際聯盟的規約時，日本和其他國家一樣，也同意了。第二天討論山東返還問題時，因爲祇有強國才能出席，中國沒有發言的機會。日本總還算客氣，口頭約定將來山東及由德國讓出的權利裡，除了有經濟價值的以外都不保有。會議決定中國政府要求的事項不再討論。

巴黎和會對於中國方面的要求完全沒有採納。中國民眾爲此燃起怒火，群情憤慨，輿論沸騰，掀起了史無前例的愛國運動。五月四日，北平學生舉行示威，高喊青島去、山東亡。山東去、中國亡。並派代表到各國使館，抗議巴黎和會的決定不公平，認爲我們也是協約國的一員，人家都得到利益，爲什麼唯獨我們受到戰敗國一樣的待遇？把抗議文留下之後，熱血沸騰的學生由使館區的東交民巷直赴趙家樓曹汝霖家，預備將代表袁世凱簽訂二十一條的曹汝霖痛打一頓。但曹事先得到報告，已逃匿無蹤。學生們祇捉到當時的駐日公使章宗祥，章於是挨了一次痛毆。這就是我們今天紀念的五四運動日。

韓國要求獨立

山東問題還未解決時，日本倒又發生了新麻煩。美國總統威爾遜在巴黎和會上發表的十四項主張，在上海和在美國的韓國人聽見之後，非常興奮，興起了要求獨立的願望。而事有湊巧，這年的正月裡，被日本強迫退位關進德壽宮休養的李太王忽然逝世了。謠傳是被日本醫生所毒死的。不久之後，早就和日本皇族的女兒訂了婚的李王世子，也因爲不願意和日本女子結婚而自殺了。他舉行國葬的前兩天，剛好是三月初一。各界的名士都來簽名要求恢復獨立，在京城、在平壤高聲朗讀獨立宣言。「獨立萬歲」的呼號，全韓境內到處都聽得到。三一運動成了韓國要求獨立的神聖紀念日。

自從明治四十三年，日本正式宣布和韓國合併以來，就開始實行一種武斷政治。朝鮮總督非陸、海軍大將不能做。軍人以外的官吏，甚至連學校裡的老師，都不能不在腰間佩帶軍刀。韓國人當然沒有參政權，也沒有言論集會的自由。

大正七年以後，朝鮮人連土地的私有權都被剝奪，耕地和山林都喪失了。農民無以爲生，祇有流亡。

大戰後俄國革命，被壓迫的民眾有了新希望。流亡在西伯利亞和中國的韓國人紛紛起來，要求獨立。巴黎和會時，他們派了代表向和會訴願，請求主持公道。雖然沒有結果，但日本的凶蠻已爲世人交相指摘了。

三一運動的志士們受到美國大總統威爾遜的演說中十四項主張的鼓勵，益發有了信心，居然在東京神田區的青年會開朝鮮獨立大會。差不多所有在東京的韓國學生都來參加。雖然受到彈壓，但是會還是開成功了。不過嗜殺的日本人哪裡肯罷休，免不了要用暴力來鎮壓。那時三一運動已經蔓延到韓國農村。日本警憲毫不客氣地使用近代武器，來對付粗笨的鍬鐮。不過鄉民十分英勇，反而憲兵死了三人，警察死了兩人，群眾卻沒有死的，祇傷了十八人。日本當局大怒，後來祇要聽見有暴動，日本軍隊就馬上調動荷槍實彈的正規隊伍。但是韓國老百姓的反抗只有愈來愈厲害。日本軍有一次在提岩里檢查暴民，發現一所基督教堂裡好像有反動分子。於是集合這些教徒，一起將他們射殺，並且放火把教堂也燒了。不料延燒了十八戶民房。老百姓恨透，就將兩名巡警用亂棍打死。這下當局檢舉了八百人，殺了十個人，燒了十七個村落，總共有二百七十六戶人家無家可歸。

日本總督府裡的文書，記載著三、四兩個月當中，韓國人舉行了示威遊行八百四十八次，參加人數約五十萬，死傷者計警憲方面一百六十六人，老百姓二十九人，鬧事的一千九百六十二人，被拘捕和加以審問的一萬九千五百二十五人。實際上韓國人死傷的和被捕的比以上數字要多幾倍。

到了四月，很多韓國人齊集上海，成立了大韓民國，推舉在美國的李承晚爲主席，不過日本始終沒有承認。

到了八月，原內閣任命前海相齋藤實做朝鮮總督，改變了統治朝鮮的方法。齋藤一上任，就公布「文化政治」，廢止了憲兵，整頓治安警察機構，任命前內相水野鍊太郎做總監。並想討好韓國人，進用一批年輕小夥子，來代替以前的老官僚。他這樣改革，以爲可以收拾人心，卻想不到他赴任的當天，禮砲響過，由京城（即今日的漢城）南大門乘馬車出發，走到中途時，一枚炸彈飛來，貫穿了馬車，粉碎了車身，卻沒有將齋藤炸死，祇打到他大禮服上皮帶的金屬扣絆。誰扔的炸彈呢？是一位姓姜的六十六歲老者。他響應三一運動，特地從西伯利亞拿炸彈夾在大腿間，經過元山到京城。他扔過炸彈後，從容地由混亂的人群中悠悠然逸去。但八天以後還是被日方捉到處死。齋藤的「文化政治」沒有發生多大用處。雖然學校的老師不用跨刀了，但是警察的人數比以前加多了十倍，並且以後還要年年增加。日本人雖凶，但是韓國人更狠，是個不屈服的民族。

孫中山的大亞細亞主義

民國十年，孫中山先生在廣州由國會推舉爲大總統，誓師北伐。但陳炯明不聽調度，悍然叛變，將設在觀音山之總統府圍困起來。孫先生不得已，躲在永豐艦上，獲蔣公中正之助，始脫危難。從此蔣公即不離左右。

民國十二年，曹錕賄選成功，飽受國人唾罵。雖然坐上了北洋政府大總統的寶座，但是民心盡失。孫先生看清楚這一點，重新改組了國民黨，在組織與訓練上特別下了工夫。他深感革命未能成功，最大原因在於有空名而無眞正的革命精神，所以決心建立一個革命武力，乃立刻派大本營參謀長蔣中正赴俄國考察。蔣公旅俄三月，了解了蘇俄的種種作法，向孫先生提出報告。孫先生大喜，馬上委蔣公爲陸軍軍官學校籌備委員會委員長。這時廣州氣象萬千。全國青年都嚮往廣東，把對中國前途的希望寄託在此。

自民國十二年元月起，中山先生開始就三民主義做有系統的講演，使三民主義成爲中國獨一無二的建國經典。在三民主義中講到民生主義時，一開頭便說民生主義就是社會主義，又名共產主義。文中又非常推崇馬克思，同時在政策上採取了容共的路線，因此很多同志誤以爲中山先生是一個袒俄的人。實際上中山先生的容共聯俄政策是一種策略，做給世界上以不平等待我的國家看的。中山先生在革命的過程中，尋求國際間的同情與援助，蘇聯能表示對我友好，我當然歡迎。民國十二年，蘇聯派赴中國從事外交活動的越飛，與中山先生會晤後，立刻發表了一項聯合聲明：

一、孫中山先生以爲共產組織及蘇維埃制度均不能適用於中國。此項見解越飛君完全同感。現中國最重要最迫切之問題爲民國之統一與國家之獨立，此項事業越飛君向中山先生保證，當得俄國最炙熱之同情與援助。

二、越飛宣布蘇俄前次聲明，放棄對華一切特權，現仍有效。

三、雙方對於中東鐵路問題的諒解。

四、雙方對於外蒙問題的協議。

越飛此次來華，很明顯的是奉蘇俄政府之命，來尋求友邦的。先從弱小國家交起。那時正當義大利的墨索里尼和德國的希特勒開始掌政。蘇俄處在被排斥之列。中國雖弱，但潛力似乎還很強，有結交的價值。何況中國也有成為一個蘇維埃政權的可能。所以先預下一步棋，以為後日之用。

中國處在兩大野心國家之間，不是要被蠶食，便是要被鯨吞。我們如果不能自強，便難逃出這個命運。蘇俄這個白熊，披上共產蘇維埃的外衣，利用馬克思譎詐不成熟的理論，哄騙我們純樸的青年，眞所謂攻心為上。年輕人不知不覺跟著走，誤入迷途而不曉，自己還以為是前進、是進步，忠於主義，寧願為主義而犧牲。這就是民國二、三十年我們青年受蠱惑的情形。時至今日，我們明白是受了騙，可惜我們的國家祇剩半壁江山了。

至於日本，我們對它的情感更是複雜。同樣地受東方文化培育長成的兄弟之邦，我們對它是又敬又愛、也恨也怨。我們敬它，因為它眞爭氣，而且忠君愛國。儒將像乃木大將，攻旅順的時候，二子戰死，絕了後，想自殺。明治識其意，對他說：「我活著，你不可以死。」並請他做學習院的院長。學習院是日本皇族教育自己子弟的地方，地位非常崇高。天皇沒有想到自己會比他先死。天皇崩逝後，乃木活到靈柩出宮。發第一響禮砲時，他便和夫人雙雙自殺殉死了。我們對他的忠誠，不能不表示由衷的敬佩。尤其我們處於人情十分儇薄的今天，能不愧汗？這完全是東方文化結晶的結果。在日本，我們隨時隨地能看到或接觸到中國千百年前的純樸美風和習俗，令人感覺到底是我們還是日本人才是眞正的炎黃子孫？我們不得不愛日本人，還能忠實地為我們保存已失落的祖先為我們留下的珍貴遺產。我們眞是不肖。幸而有日本，我們才敢自詡是東方文化的傳人。

我們也不能不恨日本，同樣地遭受過洋人的欺侮，一旦強盛起來，應該以同病相憐的心情與態度來幫助我們，卻反而利用我們當時的無知和愚蠢，乘人之危，千方百計來打擊我們，要鯨吞我們的山河，眞是是可忍孰不可忍。這樣的深仇大恨，令人百世不能忘。今天我們受共產黨的荼毒蹂躪，也多半是日本招惹來的。而我們最怨日本的是，我偉大的孫中山先生三番五次向日本呼籲，但是言者諄諄而聽者藐藐，偶爾也會有一二例外，但大多數是一批沒有政治影響力的浪人，譬如宮崎兄弟。中山先生除了結交浪人朋友外，也見過日本政要，很多對他的雄辯表示傾倒，尤其贊同中山先生的大亞細亞主義，可惜都變了質，而爲軍閥的八紘一宇思想所淹沒。每次談到日本對華政策時，就會馬上換一副嘴臉，變得猙獰難看，我們焉能不怨。

這就是今天我們必須結交和防備的近鄰。我們不能用和番的方法，派一個美麗的王昭君來軟化他們，也不能再去築一道萬里長城以防禦他們，祇有好好地武裝起來，以備萬一了。

孫中山先生逝世

民國十四年中山先生應段祺瑞之約，來到北方，受到風寒，宿疾復發，延醫診治，不料由北平協和醫院施行手術，發現所患的竟是肝癌，是不治之症，且已屆末期。二月十八日，遷回北平鐵獅子胡同行轅，延至三月十二日，一代偉人與世長辭了。

中山先生逝世後，蔣公中正先敉平了陳炯明之亂，再將不服調遣之各軍一一克復。兩廣底定後，宣布成立國民政府，採委員制，以汪兆銘爲主席，設革命軍一至七軍。第一軍軍長爲蔣公中正。第二軍軍長爲譚延闓。第三軍軍長爲朱培德。第四軍軍長爲李濟琛。第五軍軍長爲李福林。第六軍軍長爲程潛。第七軍軍長爲李宗仁。

由於革命軍的建立，國民黨有了自己的武力。因爲軍紀嚴明，訓練認眞，這支軍隊銳不可當，非軍閥部隊可比。

那時軍閥部隊還有直系，以曹錕、吳佩孚爲首。不過曹錕因賄選問題，爲人民所唾棄，已見囚於北平。吳佩孚又敗走津門，一時非常潦倒。但是由於湖北督軍蕭耀南暴卒，他又取得地盤，聲勢復振。

此外還有國民軍系以馮玉祥爲主要人物，一度鋒頭甚健。他以倒戈，與黃膺白先生共同策畫首都革命，名留青史。但此時爲奉系直系所迫，不得不下野赴俄。

再有奉系以張作霖爲首領。馮玉祥的倒戈，奉系得到很多便宜，進而想奪取上海。

最後還有孫傳芳。他以東南盟主自居，保有蘇、浙等五省之地。

赴俄的馮玉祥得到了俄方的資助，變成極強的一股勁旅。他暗中又與奉系的郭松齡勾結，誘他倒向蘇俄。郭利欲薰心，便通電倒戈，請張作霖下野。張氏父子措手不及，不得不請日本方面干涉。日軍阻止郭軍前進，並聲明我軍不得進入南滿鐵路附屬地二十里內，犯者概須繳械。郭軍受了限制，士氣大傷。張氏父子與郭軍激戰後，郭大敗。郭松齡夫婦被俘，爲張槍決。

這就是幾位主要軍閥爭權奪利搶地盤禍國殃民的醜陋行爲。

當北洋軍閥互相殘殺陷於混戰的時候，國民革命軍在蔣公中正的指揮之下，已經整裝待發了。不過北洋軍閥的總兵力當在百萬以上，而國民革命軍最多不過九萬，實力懸殊。當面對三大軍閥，祇有設法各個擊破。於是決定先打吳佩孚，暫棄孫傳芳，不理張作霖。

吳佩孚不是容易打垮的。汀泗橋一役，革命軍打得很苦。汀泗橋屢克屢失，最後革命軍前仆後繼，士氣如虹，大敗吳佩孚。雙方死傷極夥。直軍從此一蹶不振。

孫傳芳是有名的謀士兼戰將。大戰開始後，雙方都拚死搏鬥。兩軍主帥更能運用戰略，殫智竭慮，出奇制勝。好一場廝殺，革命軍終以寡敵眾，獲得勝利。最大原因在於戰術的卓越，行動的敏捷，更在於民心的向背。五省聯軍就此也垮了。

革命軍於是進駐南京。但是樂極生悲，革命軍內部起了變化。自從中山先生採取容共政策之後，國民黨就分成兩派。很早就有老黨員上書給中山先生，很怕會有奸人，以「國民黨之軀殼，注入共產黨之靈魂」。更有老黨員嚴詞指斥「爲國民黨之生存發展起見，絕對不宜黨中有黨」。不過當時中山先生還在世，共黨分子尚不敢明目張膽，有所舉動。兩派之間尚可相安無事。

民國十五年，中山先生逝世後一年，左派分子因見蔣公中正聲譽日隆，漸生畏懼，與俄派竭力阻撓北伐，屢次失敗後，乃企圖劫持蔣公，送往蘇俄。事爲蔣公所覺，仍不露聲色，以迅雷手腕，將陰謀人員全部繩之以法。並將參與陰謀的俄國顧問全體解雇，遣送回國。

俄共受到挫折後，比較小心。這時國民黨內部開始分化，分成很多派。以汪兆銘為左派的領袖。蔣公為新右派的中堅。從此有寧漢分裂的朕兆了。民國十五年的十一月，蘇俄顧問鮑羅廷突然率同國民政府代理外交部長陳友仁、司法部長徐謙、交通部長孫科、財政部長宋子文，從廣州來到漢口，在漢口宣布成立武漢臨時聯席會議，正式通告執行最高職權。另一方在十五年的十二月三十一日，中國國民黨中央執行委員會代理主席張人傑暨國民政府代理主席譚延闓及同志多人抵達南昌，即在南昌召開中央政治會議，決議「現為政治與軍事發展便利起見，中央黨部與國民政府暫駐南昌」。鮑羅廷聞悉此事大驚。為了奪回領導權，提議於民國十六年三月召開中央執行委員會第三次全會於武漢。民國十六年一月，蔣公為了反對此事，特在軍務十分緊急之時，抽空到武漢，敦促留在漢口的國民黨首要同赴南昌。鮑羅廷竟於歡迎席上，與蔣公大開辯論。

經蔣公做不惜中止聯俄政策的嚴正表示後，鮑羅廷依然不肯屈服，集合了武漢方面各人的意見交與蔣公，堅持中央黨部與國民政府應遷來武漢。但是蔣公硬是不屈，主張中央政治會議仍應在南昌舉行。

蔣公在武漢停留一周後返回南昌。鮑羅廷乘蔣公不在，慫恿武漢的左派分子召開三中全會。除了破壞蔣公形象外，並改選中央黨部與國民政府各主要負責人選。左派領袖汪兆銘出任要職。汪兆銘這時外遊未歸，但已被選為黨政機構的負責人。在他未回國之前，暫由共產黨員與左派分子分別代理。總之武漢的三中全會完全爲鮑羅廷所把持，國民黨事實上已經被共黨吃掉了。

汪榮寶的義舉

十六年三月二十三日，國民革命軍攻克南京後，親共部隊攜械掠奪，騷擾使館，侮辱外僑，占領教堂，引起各國軍艦開砲還擊，唯獨日本兵艦奉命不許開砲。當時有位名叫荒木的年輕軍官曾三請命而三不許。這名嗜殺的日本軍人受到挫折，竟認爲是恥辱，憤而自裁。當時是日本民政黨的內閣，幣原喜重郎爲外相。幣原與國民政府新任的外交部長黃郛原是舊識。他們在美國一次晤談，有相同的看法：即難道中日兩國之間就沒有其他方法打開僵局而謀兩利？兩人共同的好友汪榮寶先生，在歐戰時期是中國政府駐比利時的公使。

那時日本駐比利時的使館因日本與德國是交戰國，而比利時已爲德軍占領，所以不得不把館員撤走，祇留下一名館員，看守沒有能搬走的物件，不料德國占領軍對日本異常苛刻，認爲這名館員是戰俘，如果離館址外出，將立予逮捕。因此行動受了極大限制，甚至連三餐都成問題。汪使聞悉此事，不顧那時兩國正處在極不愉快的情形下，馬上命自己的座車開往日本使館，將那館員救出。同樣是黃色人種，德國人不辨中國與日本，館員就這樣平安得了自由。這是一件小事，意義卻很大。汪使能不計較被侵略的仇恨，而祇因同是黃種人，便不顧一切伸出援手，使得那時日本駐荷蘭的公使幣原喜重郎大爲欣賞，認爲是難能的義舉，是黃色人種互相幫助最好的例子。爲什麼中日兩國不能互助，非拚個你死我活不可？倘若兩國有識之士都能像汪一樣，遇患難便挺身而出，豈非東亞之福？幣原做過外相，他做外相時，恰巧也是汪出任駐日使臣之時，二人之間非常融洽。因此兩國之間也比較平靜無爭。寧案中，日本能不開砲，防止擴大爭端，很可能是由於他的抑制。二次世界大戰後，在他所寫的書中，詳細地將汪使的義舉用感情豐富的筆調寫了出來，並且希望外務省的後進熟讀此書。

汪是有名的才子，精於詩，與日本朝野唱和極繁。他死時日人爲他開追悼會，來者千人。

黃膺白先生

在中國不乏有這樣想法的遠見之士。孫中山先生便是最熱心的。但是他很幸運，沒有被人指摘爲袒日，同樣有聯日幻想卻很不幸的是黃郛。黃郛字膺白，他是軍人而有智謀，是一位喜怒不形於色、赤膽忠心爲國、難得的英傑，是蔣公金蘭之交的契兄，在民國十三年做過一次驚天動地的舉動。他說動了當時頭腦還不太懵懂的軍閥馮玉祥，舉兵政變，推翻了賄選總統曹錕，被推爲臨時執政，但是其後在濟南慘案和塘沽協定中，認爲太軟弱有喪權辱國之嫌，不爲國人所諒，憾恨以終。除他之外，張群先生、何應欽將軍等，都是中山先生大亞細亞主義的信徒，稱爲知日派。如果他們像汪使一樣，有機會救助一個患難中的日本人的話，必然也會毫不遲疑地像汪使一樣，伸出友愛之手的。

在第二次世界大戰後，日本慘敗，但我們並沒有乘機落井下石，蔣公反而發表了不念舊惡、以德報怨等申明，繼而並有寬大的遣俘行動。這種仁愛的舉措日本原該銘記在心，尤其在雅爾達會議中，蔣公堅持維護保存天皇制，使得天皇仍舊可以得有代表日本的地位，但是天皇卻並未來華向蔣公表示謝意，連皇室都沒有派人來過，這種忘恩負義的行爲最不應該，使得主張黃色人種大團結者，爲之寒心嗟嘆。日本看不起中國，英、美聯合的榜樣，不會在東亞出現的。

形勢大轉變

到了民國十七年，即西曆一九二八年，也就是日本昭和三年，日本政局有了轉變，我們也有了轉變。大正天皇在位十五年崩，子裕仁繼位，年號改稱昭和。若槻內閣因外相幣原的政策被目爲軟弱，不爲人民所喜，不得已倒台，由政友會接替。政友會的總裁田中義一是一個軍人，曾經做過參謀本部的次長。西伯利亞出兵，在他任內發生，後來當過陸相。山縣有朋死後，陸軍內的長州閥首腦就非他莫屬了。他在一九二五年也就是大正十四年退役之後，出任政友會的總裁。此人向來對中國有野心，他用了一個同樣極有野心的人森恪爲外務次官，兩人沆瀣一氣地密謀如何來陷害中國。恰巧這時我革命軍在蔣公領導之下，誓師北伐，一路上革命軍摧枯拉朽，勢如破竹。

濟南慘案

民國十七年北伐軍在進入山東省界的時候，日軍已經擺開陣勢，有阻止我軍繼續前進的意圖。我方爲了避免和日軍起衝突，特地繞道濟南，濟南是山東省最繁華熱鬧的城市，日僑極多。日本在山東的勢力有兩種，其一是第一次世界大戰時奪自德國的，其二是根據二十一條要求而經營的。雖然戰後在華盛頓會議上，日本已允諾將取自德國的交還給中國，但是根據二十一條，由於是中日雙方合營的事業多，所以麻煩也多。那時外交部長是蔣公的契兄黃郛，蔣公還沒有到濟南時，就由膺白先生電請蔣公注意了。膺白先生早就知道田中義一不懷好意。田中違法派了一個師到山東，師團長福田是典型的日本軍人。

五月二日，膺白先生到了濟南，預備和蔣公商量要公，一時沒有旅舍，衹好在津浦路局辦公處下榻。一宿無話，三日晨所有的商店都開了門，景象極好。剛由日本調來的軍隊，好像也沒有要打仗的樣子。日本駐濟南的總領事西田、駐在武官酒井及天津駐屯軍隊長小泉等來總部謁蔣公，談話也十分融洽。日軍不像是將有任何舉動，大概可以相安無事了。不料到夜裡十一時左右，槍聲大作，日兵已經到處對我軍民亂開槍了。就在這個時候，二十多名日本兵衝進我外交特派員蔡公時的住所，將蔡公時及署裡職員十餘人全部綁出槍殺，並將蔡公時耳鼻割去。這種慘絕人寰殺害外交官的行爲是空前的。

除了殺害蔡公時之外，中國無辜老百姓不知被殺死了多少。嗜殺的日本人痛快地過了一次癮。這就是我們所謂的濟案。濟案裡我們一個外國人沒有傷，而自己人卻死了很多。因爲洋人沒有要求賠償、道歉、懲凶等，除了中國人自認倒楣而外，前方將士一心衹想北伐，都力持隱忍鎮靜的態度，所以事後也沒有再擴大，糊裡糊塗就算結了案。

汪使的倒閣努力

不過日本政友會內閣不倒，田中義一還盤據首相之位，我革命軍北伐的前途就會蒙上極讓識者憂慮的暗影。有沒有法子使得田中下台呢？這是當時駐日使臣最大的焦思。問題是要能在極秘密裡做反友邦政府的行爲，似乎是一件非常困難並且危險之事。爲了救國家，不能不一試。這位使臣是誰呢？是汪榮寶。他是滿清駐日欽差大臣汪鳳藻的胞侄，學貫中西，是學者，又是名外交家。

汪鳳藻是第一位下旗歸國的倒楣使臣。榮寶會不會跟他阿伯一樣，被日本趕出境呢？所以倒田中的行動要格外小心謹慎，不能露出半點蹤跡來。他先去看老友宇垣大將，然後透過宇垣，和床次竹二郎做了朋友。床次是一個政客，擁有一個小黨，附屬在民政黨裡，民政黨就在議會中成爲多數。附屬到政友會，政友會就變成多數的大黨。所以他有舉足輕重的力量。這時他附在政友會。田中因爲要羈縻他，特地給他最高的職位，是副首相。床次也是讀書人，與汪結交後，慢慢變為朋友，又由普通朋友成為無話不談的知交。

那時中國國民革命軍節節勝利，逼近北平，北伐即將完成。田中及日本軍閥都焦急萬分。萬一革命軍衝過北平，越過山海關，便是東北三省地界，也就是日本幾十年來所覬覦之處，他們焉能無動於衷？起初他們想請張作霖回奉天守住老營，再由日本出兵幫助他成立一個傀儡政權。張這時在北平。幾次日本派人向他進言，他都否決了。日本無法，祇有將他暗殺，回奉天的途中把他炸死，然後捉兩個無辜老百姓，說是革命分子幹的。

這項陰謀日方自以為天衣無縫，非常周密，連日催勸在北平的老將早日動身。張作霖以為日方是好意，竟不虞有他。於是在民國十七年六月三日，乘專車離開北平，往奉天馳去。快到目的地時，忽然火車爆炸。專車炸得飛上天。張被炸得半死，經用汽車送往醫院，途中便一命嗚呼了。張死後秘不發喪，到了二十一日，才因為機密已洩，沒有法子，祇好公布了。最糟的是為了使火車炸得粉碎，當時用炸藥的時候，分量用得太多，兩個漢子絕對沒有這麼大的力氣搬運，顯然是利用卡車才能辦得到，並且這兩個被買通了的漢子，其中一人沒有死，向中國方面報告了實情。

日方自以為天衣無縫，其實漏洞百出。這案子很快傳遍歐美各國，日本的惡名傳遍天下。田中不能不把這件事報告給天皇，天皇當然震怒，說應該嚴肅軍紀。田中由宮中退出之後，將此意傳達下來，竟遇到陸軍省的強烈反對。陸軍省認為如果這樣做，陸軍的名譽威信會喪盡，所以不能奉詔。於是田中感到非常為難。天皇的命令不能不遵從，而軍部的眾意也不能不顧全。內閣有搖搖欲墜的樣子。汪於是力勸床次趕快脫離這天皇已不太信任的內閣。床次聽從了汪的話，退出政友會。政友會在議會裡成了少數，不能不倒。這是第一次一個外國使臣幫助反對黨倒閣成功。可惜當時膺白先生早已去位，沒有人知道使臣擘畫之苦心了。

民國十七年六月，蔣公收復了北平，親赴北平郊外西山碧雲寺，向中山先生遺體致敬，並建議改葬南京，北伐算是告一段落，全國統一有望。張作霖已為日人炸死。他的第三子張學良能繼父業，並且不肯屈服於日本的刺刀之下。國民政府正派張群和吳鐵城兩人與學良秘密搭線，說服他，宣布東北三省易幟，歸順中央。倘能成功，長年以來軍閥割據的局面就有希望結束了。

軍縮會議

田中內閣倒了之後，很快地民政黨的濱口內閣成立了。這時日本政府主要的課題，是和英、美兩強國爭海上霸權。日本的國勢，現在早已凌駕在法、西等國之上，自以為有席捲天下的能力，是超強國家了。但是在軍縮會議上，仍屈居下風。昭和五年（西曆一九三〇年），在倫敦召開的五強會議中，英、美、日、法、義五國集合起來，討論如何限制巡洋艦、驅逐艦、潛水艇等所謂補助艦隻的數目。至於主力艦的建造，已經在八年前的華盛頓會議時，宣布各國都暫時停止建造，現在決定把停止期間延長。

第一次世界大戰之後開的軍縮會議中，祇規定了英、美、日三國主力艦的比例爲十：十：六，這次則連補助艦隻也要限制。昭和二年的時候，英、美、日開過一次軍縮會議。開了兩個月，終於決裂了。這次會議可以算是上次會議之續。日本的首席代表是前首相若槻禮次郎，然後是海軍大臣財部彪，和駐英大使松平恆雄。這次的代表人選與上次不同。上次日內瓦會議，各國的首席代表武人居多。這次都選德高望重的人充當。他們脾氣好，不至於一下就決裂。英國是馬克多納首相，美國是斯汀末遜國務卿，全是文人。所以日本也不能例外。

這個軍縮會議，日本開始就不願意參加。因爲對於華盛頓會議中規定日本對美的比例祇是美國的六成，深表不滿，認爲爲了保持太平洋的安全，至少也應該是七成。這次既然主力艦問題已經宣布不再討論，那祇有巡洋艦及其他的補助艦要爭到七成。另外潛水艇的數量，日本非要爭取到七萬八千噸不可。其他日本可以讓步。何況外相是幣原喜重郎，走的是親英、美路線，必然會客氣一點。再說這是軍縮會議，縮小一點也應該。緊縮軍備對財政上會有很大幫助。

倫敦會議磋商了將近三個半月，勉強達成了一個妥協案。日本要求補助艦大概達到美艦的七成弱。至於大巡洋艦方面，美國在限制建新船期間，日本可以暫時維持七成，以後降爲六成。潛水艇方面，則雙方各爲五萬二千噸。

海軍代表財部對此案深爲不滿，但是首席代表若槻還是將本案送給政府抉擇。日本政府海軍的軍令部長加藤寬治大爲反對，認爲根據此案，日本便沒有法子負起對美的國防責任，是不是能夠有個比較有利的妥協案，倘若不可能時，政府應該有面對談判破裂的決心。

法國、義大利以及其他歐洲國家都已經沒有參加在軍備競賽中了。唯獨日本逞強，要與英、美比高下，尤其日本軍人，不知天高地厚，盲目地想擴張，以至於負荷不起。

法西斯思想萌芽

這時民政黨在國內的選舉中，獲得了決定性的大勝利。同時世論也歡迎軍縮。由於很多前輩的奔走調停，軍部終於鬆了一口氣。倫敦海軍條約算是簽訂了。不過又生了新枝節。當軍縮會議代表在議會中報告該約已經簽訂時，不料反對黨政友會的議員鳩山一郎，批評政府抑制軍令部的意見而簽訂軍縮條約，是侵犯了天皇的統帥權。這當然不過是反對黨的一種策略。從眞正民主主義的觀點看來，統帥權已經是過時的思想。但是當時法西斯思想正在萌長，加上固有的皇權至上主義，就變成一個很難處理的軒然大波了。尤其當海軍代表財部彪五月十九日由倫敦回國的第二天，軍令部的參謀草刈英治少佐在財部家的門前切腹自殺。接著是軍令部長加藤寬治帷幄上奏，直接彈劾了政府，說是軍令部長沒有能負重任，所以請求辭職。同時認爲天皇的侍從長鈴木貫太郎阻止了部長的帷幄上奏，也是干犯了統帥權。就這樣政府與海軍之間鬧得不可開交。幸而濱口首相很沉著。雖然浪潮很大，但他絕不妥協，世論也慢慢傾向於贊成簽訂倫敦條約了。樞府方面本來持反對意見，最後也屈從了。一層層的難關都被政府突破，終於達成了條約的批准，可以算政黨內閣的大勝利。但是不要忘記日本人是個嗜殺的民族。

昭和五年十一月十四日濱口首相去參觀陸軍大演習的時候，要從東京到岡山去。上午九時，他預備乘燕號的火車登車時，在東京的車站月台上，忽然一聲槍響，濱口腹部中彈。他幾乎倒地。幸而由他秘書抱住，送往醫院。雖然當時沒有死亡，拖延了九個月，終於輾轉病榻而亡。

濱口是位極有擔當的好首相。他的死使得日本法西斯日益猖獗，成爲一股不受任何羈絆的狂妄力量。

北一輝是日本法西斯思想的領導人

日本的法西斯主義並不完全脫胎自義大利的墨索里尼。主要的思想家是北一輝。明治末年他二十四歲的時候，已經批判謀刺天皇的幸德秋水的社會主義不夠完備，而主張特異國體論，寫了一本書，名《國體論及純正的社會主義》。出版後很受讀者崇敬。其後他到了中國，認識了孫中山先生，參加革命運動，相當活躍了一陣。民國八年，他在上海寫了一本巨著，名《國家改造案原理大綱》，成爲日本右派必讀的經典。該書的主要論點，是主張把俄國和英國的勢力驅逐於亞洲地區之外，由日本來做亞洲的盟主，實行大亞細亞主義，因此非要將天皇抬出來不可。並且要擴大天皇之權，停止憲法三年，公布戒嚴令，廢止貴族院等等。他這主張雖然有很多漏洞，但非常有說服力，所以一般青年將校奉若神明。

差不多在同時，歐洲出現了二巨頭。義大利先出現了墨索里尼。然後在德國又出現了希特勒。他們二人幾乎用同樣瘋狂橫蠻的手段，統治他們的國家。再用不講理的態度，對付柔弱的民主國家，一轉眼成爲人人懼怕的強國。日本看到這樣的榜樣，既羨慕又佩服，不由得想仿效。於是本來行爲上已經有點瘋狂，現在變爲不可一世了。

中國自從民國十七年，北伐竟功，全國統一以後，全國人民景仰蔣公的威望，推爲國民政府主席，以爲從此可以安享太平。不料黨內黨外都有野心家利欲薰心，不爲大局著想，假借名義，實行奪權叛變。十八、十九兩年都免不了有戰爭，蔣公以寡敵眾，敉平了嚴重的內亂。由於連年的東征西討，席不暇暖，共產黨就乘勢坐大，先占據廣東的海豐、陸豐兩縣作爲根據地。但當地的老百姓不服從共產黨，於是他們就大開殺戒，海、陸豐的人民幾乎被他們殺光，慘酷的情形與日本人一樣。他們被逐出海、陸豐後，又竄到了江西，盤據在井崗山做山大王，喘息了一陣，推舉了朱德爲紅軍總司令，毛澤東爲政治主任，慢慢地嘯聚萬餘人，再向福建方面推展，勢力愈來愈大，遂成爲國家重大威脅。民國二十年開始，國軍不能不認眞剿共了。

發動九一八事變

一九三一年是世界動亂時期，沒有一處安靜土。無論什麼地方，左右兩派的激進分子都鬧得不可開交，同時經濟情形也壞透，到處饑荒，民不聊生。就在這慌亂時期，日本發動了九一八事變。

日本炸死了張作霖之後，他的兒子張學良痛悼萬分，誓報父仇。他本是個宅心純厚的人，不過由於出身紈袴，又生得英俊，生活不免浪漫。但自從遭遇到不共戴天的大恨後，他突然改變了花花公子的外貌，成為一個非常有心機的青年。他一面歸順了中央，一面勵精圖治，開始建設。他為了抵制日本的侵略，另外去開闢新港口，刻意地經營葫蘆島，使得日本投資興建的南滿鐵路大受打擊。一九二九年滿鐵的盈餘是四千五百萬日圓。一九三〇年，這條鐵路衹替日本賺了二千一百萬日圓，還不及前一年的半數。到了一九三一年就更慘了，衹剩下一千二百萬日圓。所以日本軍對於這種現象不能不慌張，勢必要驅逐張學良不可，否則無從挽回頹勢。但是日本國內幣原正任外相，一向採取和平政策，希望中日兩方都能相忍爲國，這恰和日本軍人的想法相反。

於是日本軍人效法義大利的作法，大搞宣傳，說滿蒙是日本的生命線，誰要是侵犯日本的生命線，皇軍必定加以膺懲。全國到處都張貼了同樣的警告，爲了使民眾掀起敵愾心，特別是對中國，軍人做得如火如荼，幾個大城市尤其熱鬧，好像已經大難臨頭。一班文人噤若寒蟬，不再有大正年間護憲的勇氣。

法西斯潮流侵襲了日本。爲了做得像眞有其事一樣，不惜假造許多慘案，用苦肉計，犧牲一兩個人，以完成他們的陰謀。一九三一年六月底，日軍假說要調查洮南地方的地形，派了參謀本部的中村震太郎大尉和井杉延太郎曹長二人前往。洮南是中國地界，平日有軍隊守護，雖然日本參謀本部有公文書通知我方，但地方遼闊，人跡荒涼，很難加以保護。不料二人行至中途，竟爲中國兵射殺。

繼之在七月初，長春東北有個地方名叫萬寶山的，有朝鮮農民和當地地主起了糾紛。爲排解爭議，當地的日本官吏免不了出面干涉。因爲朝鮮人已經算作日本國籍的臣民，當然判定朝鮮人有理。於是中國人不服，和日本官吏起了衝突，動起武來。中國方面死傷了很多人，中國政府派了駐日使臣汪榮寶去調查，那時他已在任八年，撰了一篇有名的報告，洋洋萬餘言，將經過說得非常清楚。但是日本方面並不認錯，祇怪這兩件案子是因爲管轄不夠清楚所致，認爲如果滿蒙地方都歸日本，而中國不再插足其間，就可以單純得多。這是日本方面的歪理。西諺有謂強者總有理。中國和日本之間的交涉，都脫不了這一模式。

事變經過及其後果

一九三一年九月十八日下午一點二十分，日本軍部派了中尉河本末守和幾名士兵，到瀋陽郊外柳條溝附近南滿鐵路的路軌上，撒上大量炸藥，準備點上火，以轟然巨響爲信號。軍部預先和關東軍聯絡好，各地一聽有爆炸聲，便同時起事。於是瀋陽、營口、安東、南嶺諸大城市，一夕間全被日軍占領。很快地日軍繼續前進，到了二十日吉林也被占領，就這樣整個東北陷入日軍之手。

國民政府將日軍的侵略行爲訴諸國際聯盟。不巧那時正是國際間多事之秋，不景氣的頹風正吹向歐美列強，大家都自顧不暇，並且深怕得罪日本。不過爲了國際聯盟的顏面關係，不能不敷衍一下中國。於是就依了日本的請求，派了一個以李頓爵士爲首的考察團，團員中代表法國的是克洛戴兒中將，義大利是阿魯得羅范第伯爵，德國是許乃博士，美國是馬高尹少將。

在李頓代表團還未組成之前，日本行動快速，已經在占領的東北地區成立了一個僞政權，號稱王道樂土的滿洲國。那時日本還沒有想到迎接溥儀來當傀儡皇帝，祇讓一班想發洋財的浪人亂搞。一時滿洲國成為搶奪的局面，官吏如盜賊，一片爭權獵寶聲，所謂的王道樂土，不過是騙人的口號。各地的中國老百姓本已不甘做亡國奴，這時更公然反抗起來，游擊隊到處隱藏。

昭和六年李頓代表團組織完成，預備啓程考察時，日本軍人慌了手腳，不敢讓調查團人看到混亂惡化了的滿洲，於是少壯軍人之一的坂垣想出了轉移洋人注意力的辦法，另在滿洲地區之外製造事端。他命令駐在上海的武官田中少佐進行陰謀，發給田中兩萬大洋，令他買通當地的地痞流氓，在上海鬧事。同時又叫川島芳子雜在中國上等社會裡，從事間諜活動。

一九三二年的正月十八日，田中少佐乘一小群佛教徒自日本到中國觀光，來到上海，在馬玉山路沿途托缽的機會，唆使一批小流氓，用苦肉計製造事端，他指使流氓大聲喊道：「這些和尚是日本人，壞蛋殺胚。」於是就有人向教徒一哄而上，拳打腳踢把教徒痛打一頓，有的甚至重傷，其中一名六天後死亡。

淞滬之戰

在這件事發生前，日本天皇正月八日在東京親臨觀賞陸軍的始觀兵式，回宮途中，走到櫻田附近，有一個韓國志士扔了一枚炸彈，彈落在宮內大臣座車前面，宮內大臣受重傷，車全毀。天皇祗受了一點虛驚。上海的報紙刊登了這條新聞，卻加添了一句道：「不幸僅中副車」。在上海的日本僑民看了非常氣憤，又受了田中少佐的煽動，認爲上海人不友好，是幸災樂禍，對友邦元首大不敬。由於受到田中的慫恿，居然有日僑結夥打起報館來。上海人當然也不甘示弱，反過來召開市民大會，發動抗日，群情激昂。日僑方面又糾合了大隊人馬，遊行示威，搗毀了四川路、虹口路一帶中國人的商店。工部局甚至不能不發布租界戒嚴令，但是沒有用，情形愈來愈險惡。到正月十八日，我十九路軍和日本海軍陸戰隊起了衝突，於是有名的一二八淞滬之戰爆發了。

大戰一起，全世界的傳播媒體都認爲是大新聞，很多記者集中到上海。坂垣的奸計——轉移全世界的注意力——居然得逞。他可以從容地完成滿洲國的計畫。不過他沒有料到，淞滬之戰引發了中國人長年被日寇欺凌的鬱結，民心士氣高昂得不可一世。國民政府爲宣示抵抗到底的決心，聲明遷都洛陽，以免受日方威脅。蔣公則坐鎮南京，調中央第五軍的兩師增援十九路軍。雙方激戰三十多天，全球的人民都以驚異與讚佩的眼光看我們，證明我軍的戰鬥力並不輸日本，而在毫無進展下的日本軍部，也祇有增援之一途。他們加派了久留米的十二師團和金澤的第九師團。日本向來以陸軍爲世界第一強自豪，這時卻洩了氣。內閣裡很多人反對繼續打下去。藏相高橋甚至在議會裡公開表示，如果仗再打下去的話，財政祇能維持到翌年的三月。

十九路軍奮勇抗戰，使得日軍陷入苦境。爲了衝破廟行鎮我方防線，日軍不得不募敢死隊，令三個士兵身裹炸藥，衝開一條血路。結果炸得血肉橫飛才得寸進，足見得我軍防守的堅強，也可以看出日本人是如何凶狠。

上海的戰爭始終膠著。到四月二十九日，大規模的軍事衝突已經持續達三個月之久，這時恰好遇到天皇生日，日人名之爲天長節。上海的日僑，雖然在漫天砲火當中，也不忘慶祝。他們當天假虹口公園舉行大會，表示祝賀。哪知在總領事朗讀賀辭時，忽然又有一個韓國志士扔出一枚威力很強大的炸彈，當場炸死白川義則大將，炸瞎了野村中將一隻眼睛和重光葵公使的一條腿。這全是坂垣大佐陰謀的代價。

國際聯盟考察團

滿洲國算是成立了。溥儀被擁做了傀儡皇帝，日本的野心暴露無遺。各國對日態度也突然改變，連一向袒日的英國都表示不信任，而新加入爲會員的美國，尤其反對這日益跋扈的日本。一九三一年十月八日，日本又毫無顧忌地砲擊了錦州，各國大譁。於是召開國聯的理事會，結果以十三對一日本大敗。日本爲了保持顏面，請組織一個調查團到現地查看是否構成侵略行爲。這就是調查團產生的由來。爲了表示公平起見，特地請中國方面也派了一位名外交官顧維鈞先生參加在內爲顧問。顧先生以他的外交長才，雖然與各團員處得十分融洽，並且博得他們的尊敬與友誼，但是沒有辦法改變他們國家既定的國策。調查團工作了八個月，做成厚厚的一份報告，提交給國際聯盟，由該會判定日本應該從滿洲撤退。日本大怒，宣布從此脫離組織，不受任何拘束，同時揮軍越過長城進入中國腹地。全球列強對於日本這種侵略行動毫無表示。那時德國納粹已經掌握了政權，十月裡也效法日本，聲明脫離國際聯盟，第二次世界大戰終將不免了。

中國共產黨爲擴張勢力，利用兩種利器，一是造謠，一是武裝叛亂。那時人民對國民政府期望過高，政府也確有很多措施不能盡愜人意，於是謠言滿天飛。凡是可以中傷政府威信的假話，全由共黨散布出來，而老百姓多數沒有分辨是非的能力，以致以訛傳訛，造成很多誤會。再就是用武力占據地區，但是共軍究竟不是國軍的敵手。屢敗之餘，祇好向西北流竄，躲到陝北窯洞裡去，總共走了二萬五千里。殘餘的部隊已經不足兩萬人。就在這時，張學良和楊虎城受了共黨的誘惑，乘蔣公來西安視察之際，劫持統帥達兩星期之久，並發出統一抗日的要求，停止內戰。於是國軍剿共行動功虧一簣。

日本法西斯開始使用暴力了

半年多以前日本已經吞併了滿洲。但是凶蠻的日本軍人還不滿足，秘密組織了血盟團。他們擬了一份名單，名單裡的人都該殺。這些人全是社會上響叮噹的知名之士。爲什麼要殺這些人，則全無理由。就是因爲他們名氣大，不大贊成用武。在一九三二年第一個被暗殺的，是已退職的藏相（即財政大臣）井上準之助。第二個被刺殺的財界名人是三井的理事團琢磨。兩人被殺的時間，相距不過一個月。到了五月裡，一個溫和的晚上，大家正在用膳的當口，忽然首相官邸門前衝進幾個軍官，打死了守衛，直衝到首相犬養毅的居室，拿槍對著犬養。犬養沉著氣，大聲喝道：「不脫鞋就上來嗎？」軍人不理。然後犬養又喝道：「有話慢慢說。」軍人回說：「沒有話好講！開槍！」說完就朝犬養放了幾槍，犬養立刻倒地，氣絕身亡。一個七十六歲的老政治家，無緣無故地喪命在嗜殺的軍人槍下。凶手殺了首相之後，向憲兵隊去自首，結果最重的懲罰，祇是一個無期徒刑。從犯是禁錮，由十五年到四年不等。這樣輕的處罰，助長了法西斯思想。三年以後，又發生了二二六事件。

五一五事件後日本朝野頗有不知所措的情形。七十餘高齡的首相被年輕將校所殺，內閣當然垮了。不過後繼內閣誰能擔當，煞費周章。天皇請元老西園寺公望來推薦。西園寺和各方面的賢達磋商之後，祇好暫時脫離「憲政常軌」，不在政黨內遴選後任，而由能降服軍人的人來組織內閣。挑來挑去，最後選出海軍大將齋藤實來組成一個舉國一致的內閣，不分黨派、不分信仰。齋藤本來就是朝鮮總督，一向以老好人見稱，是個穩健的人格者。不過稍嫌遲鈍，似乎沒有能制止那獨斷獨行的軍部。

重光葵批評齋藤內閣有這麼一段話：「齋藤不是一個積極的人。好像什麼事都屬於被動。在他手上本來有很多問題好管，但他都由它去，讓它自己發展。所以這樣他與軍部方面能夠相安無事。政府對滿洲問題毫不關心，好像是別人的事。但是到問題發生，政府非負責任不可時，就不免慌了手腳。」

日本退出國際聯盟

國際聯盟接到李頓報告後，在一九三二年的十二月二日，開會審議滿洲問題。日本代表松岡洋右是個頗有才具、自視甚高、但非常莽撞的人。開會前他就聲明，如果各國不能同意日本的要求，日本就退出國際聯盟。這是一個非常嚴重的聲明，國聯的組織是根據威爾遜總統所主張的十四點而成。基礎在和平共存、互相容讓。松岡的聲明恰好與此相反。各國焉能接受？果然在討論滿洲議案時，根據李頓報告，滿洲的現狀應該回復到事變前的狀態。大會投票結果，贊成決議案的共四十二票。反對一票棄權一票。反對的一票當然是日本。日本政府沒有辦法，祇好訓令松岡洋右退出國際聯盟。這是一件史無前例的大事。日本居然甘冒大不韙，自願孤立，受天下人唾罵。此後希特勒和墨索里尼都接踵仿效日本的榜樣，紛紛退出國聯，使得國聯就此無疾而終。

日本占領滿洲，雖被人指爲侵略行爲，但仍然蠻幹到底，不顧一切，明目張膽地繼續往華北進攻，派飛機到北平上空威脅。這時蔣公方在專心剿共，認爲日寇不過是癬疥之病，而共匪才是心腹大患。日本因此毫無忌憚地占領了熱河。蔣公看形勢危急，請了息隱在莫干山的黃郛出任北平政務整理委員會委員長。黃先生是有名的知日學者，以前以外交部長的身分，圓滿解決了極棘手的濟案，此次再與日方交涉，簽訂了塘沽停戰協定。華北算是穩住了。

瀧川幸辰事件

日本退出國際聯盟之後，在國際上完全孤立，在國內也引起很多不滿。尤其左派人士判定是極右派的恐怖時代已經來臨。這反而激起右派眞的走向暴力行動。一向喜歡用武的軍人，於是發揮嗜殺的本性，慢慢指向知識分子。各學校的教授紛紛緊張起來。祇要教授們有反抗武力的言論，都被目爲共產黨。尤其自從小林多喜二被殺之後，更使得人人自危。就在這種情形下，知識階層屈服了。從此噤若寒蟬，再也聽不到反抗的聲音。

但是軍方硬是不滿足，欲加之罪，何患無辭。京都大學刑法教授瀧川幸辰寫了兩本書，軍方認爲有左傾思想，要求把他開除，並且判他所寫的書爲禁書。不過在這之前，大審院卻認爲這兩本著作非常有價值，還介紹給部下熟讀，可見得對此書見仁見智各有不同，不能驟加禁止。這樣偏頗的處置於情理不合，京大當局當然不肯接受，於是軍部授意文部省（即教育部）施以壓力，非聽命不可。結果京大法學部全體教授、助教、講師都提出辭呈。消息傳出後變成學潮，東大、東北大、九大紛紛響應，弄得不可開交。文部省費了很大事才安撫好，學潮總算平定了，不過大學方面還是吃了虧，不能不依軍部的要求，將瀧川免了職。

瀧川不是馬克思信徒，也和任何社會主義運動的人沒有發生過關係，由於犯了莫須有的罪名而被免職，眞是冤枉透了。足見得軍部的勢力有多厲害。

到了一九三四年，人們對齋藤內閣已經十分厭倦，覺得他無能，軍部是希望他有魄力，能大刀闊斧地擴張軍備，不料他竟是一個小心謹愼的人，聽從藏相（財政部長）高橋的話，不敢亂用錢，扣緊荷包，嚴防浪費。他的作風大失人望，於是掀起一陣倒閣風潮。尤其陸軍方面，要伸向華北，急於用錢，受他阻礙，更積極地想去之而後快。

這時軍部的氣焰已經到了不可理喻的程度。有一次在大阪天神町的交叉十字路口，一個第四師團的小兵居然不依交通信號，硬闖紅燈。警察上前干涉。但是小兵不聽命令，雙方吵將起來。這當然是兵的不對。但是第四師團的參謀長認爲，皇軍的威信被侮辱了，反而叫警察道歉。後來鬧到荒木陸相和山本內相之間都對立起來，成爲嚴重問題。

由此可見，芝麻綠豆的小事軍部都要管，並且破壞了社會秩序，不自反省，反認爲皇軍威信受損，足見得軍部跋扈的情形，已經到了不可救藥的地步。

這時政黨又和軍部聯手起來，秘密進行倒閣。恰巧發生了「帝國人絹」事件，是個大疑獄。政府中很多人都有受賄嫌疑而被起訴。終於在財政部次官黑田被判定有罪後，齋藤內閣負起責任辭職。內閣就此垮了。

齋藤內閣瓦解了之後，形勢比以前更壞。西園寺公望破例召集了所有朝中的重臣，來會商後繼人選。他這麼做是因爲他自己已經老了，想創一個先例，以便他死了之後，天皇便於找適當的人來諮詢。會議結果，齋藤所推薦的岡田啓介大家認爲合適。

次官內閣

岡田也是海軍大將，是個相當穩健的人，岡田組閣時，本擬在閣僚之中遴選五位政黨出身的人，但是政友會臨時宣布不參加，祇好由民間賢達來充任。而由於他所延攬的人無赫赫名，所以一般人都呼之爲次官格的內閣。

岡田內閣當然不受人尊敬。軍部尤其看不起他。昭和十年二月十九日，貴族院議員菊池武夫心血來潮，可能是想逢迎軍部，忽然提出一個老問題，即「天皇機關說」。他認爲主張此說的人是叛逆，是學匪，應該嚴禁此書。按：此書是誰寫的呢？是法學名人美濃部博士，同時也是貴族院議員。此書行之已久，帝國大學用爲教材，文官考試及司法考試中都採用，從來沒有人反對過或批評過。其中最大論點，認爲天皇是機關，有賦予的權限，不能任意逾越。此說當時非常合乎民主政治的要求，但卻犯了軍部的大忌。軍部的意思是，天皇有無窮的力量，可任意行事，誰都不能阻礙天皇。天皇是神。軍部因此可以藉天皇之名，什麼事都可以做。軍部發行的小冊子說道：

恭惟我國受天孫降臨之賜，成爲萬世一系天皇之國……寶祚之隆，與天地並享無窮……今如國家之統治權不在天皇，或如認天皇爲機關，此誠萬世無比之大錯矣。

這很明顯的是神話，不是現代人該有的意見。但是軍部爲了順利蠻幹起見，不惜自欺欺人。

軍部爲了擴展軍力，無限制地要求政府增列預算。不過那時握住財政大權的藏相高橋是清不肯讓步。軍部不得已，與財閥勾結，於是各行業都大增資，市場上顯得一片繁榮。

二二六事件

不料到了一九三六年冬，過完年不久一個下雪的日子，早上五點左右，天色未明的時候，有幾百名士兵荷槍實彈，有的甚而肩著一挺機關槍，四散而去。他們是奉命去實行暗殺的勾當的。據當時目擊者傳說，岡田啓介、齋藤實、西園寺、高橋是清以及其他很多大臣全被殺死。實際上的情形大約如下：

襲擊總理大臣官邸的：爲中、少尉三人，率領三百名士兵，武器有重機關槍、輕機關槍、砲及步槍。殺死四名警衛，衝入官邸。首相岡田啓介躲了起來，祇誤殺了有點像岡田的岡田妹夫陸軍大佐松尾。

襲擊齋藤內大臣官邸：爲中、少尉三人，率領兵員一百五十名，武器有重機槍、輕機槍及步槍。齋藤爲兵驚醒，走出臥室，被槍彈擊中，全身四十七處，刀傷數十處，死狀甚慘。

夫人春子重傷。

渡邊陸軍教育總監私邸：少尉二人，率兵三十人，武器有輕機槍及步槍。到的時候已經六點多，渡邊已起床穿好了衣裳，知道有人衝進來，就用手槍來應戰，打傷來人後，因手槍子彈打完，壯烈犧牲。

大藏大臣私邸：中尉率領兵一百二十名，武器有輕機槍及手槍。高橋尚在夢中，闖進來的兵將他喚醒，用手槍將他打死，再用刀刺了幾刀。

侍從長官鈴木的官邸：大尉一人，率兵二百名，武器有重機槍、輕機槍、手槍。官邸非常廣闊，一時找不到鈴木。後來鈴木被一個士兵發現。士兵叫道：「爲了昭和的維新，借閣下一命！」於是用手槍連發兩響，鈴木倒地。大尉趕來，拔刀預備再加上一刀時，夫人在旁求道：「夠了，請不要再砍了。」大尉居然沒有再行凶。鈴木重傷未死。後來日本戰敗，幸而有他，不然不知會弄成什麼樣子。

牧野前內大臣別邸：大尉一人，率兵僅八名，武器有輕機槍及步槍和手槍，但是來犯的大尉反被守衛者的手槍打中兩槍。士兵放火燒了一個旅館，並且一槍誤中了牧野的看護婦，在混亂中沒有能得手，受傷的大尉反而自殺了。

襲擊的對象除了以上所述的諸人外，還有下列各處：內相官邸、陸相官邸、警視廳、陸軍省、參謀本部、朝日新聞社、日本電報通信社、報知新聞社、國民新聞社、東京日日新聞社、時事新聞社等。

站。

因爲後藤內相不在東京，倖免於難。川島陸相本不在該殺之列，祇借他的官邸做總聯絡站。

警視廳由大尉一人，率領四百名士兵占領。武器有重機槍、輕機槍、步槍，占領後把門窗緊閉，與外界不相通，警察的力量陷於癱瘓。

新聞社方面，除了到朝日新聞社，將排字房的架子毀壞之外，對其他各報祇要求刊載預備好了的聲明。

該聲明內容大略如下：

謹惟我神州在萬世一系天皇之統帥之下，舉國一致，生成化育，得以實現，並進而達成八紘一宇之團體……惟現已爲所謂元老重臣、官僚政黨等所誤，破壞國體……倫敦海軍條約之簽約及教育總監之更迭等，統帥權接二連三毫無顧忌被干犯，僭竊至尊之兵馬大權，其罪滔天，人神共憤。

這裡提到的教育總監的更迭，是人事糾紛。教育總監原來是由眞崎大將擔任。眞崎是在荒木陸相之後，最受青年將校愛戴的人。一九三五年（昭和十年）八月，輪到定期異動的時候，陸相林銑十郎決定眞崎轉任爲軍事參議官，是個閒職，但是眞崎不肯。不過後來還是敵不過皇命，祇好將教育總監讓給渡邊。二二六事件，渡邊因此被殺。

二二六事件很明顯地是日本陸軍青年將校的叛亂行動，觸犯了軍紀，是嚴重的下犯上的行爲，一時很難收拾，其中還有派系糾紛，意見也非常分歧。應該討伐還是應該安撫，莫衷一是。所有的文官都不敢出聲，武人則同情亂黨的多，祇有天皇一人發話，要平安叛亂。屢次請示天皇的指示，天皇非常堅定，絕對沒有安撫的意思。僵持了兩天後，叛軍終於投降歸隊了。但是爲首的叛徒不能不處罰。除了已自裁者外，還應當有不少人受刑，到七月裡才弄清楚。

天皇的威信，幾千年來第一次眞正受到了尊敬，不能不說是拜軍部大力宣傳之賜。

二二六事件就這樣虎頭蛇尾般地告了段落。青年將校崇拜的荒木眞崎，以及在政壇上一時活躍過的川島林等，都從現役退出。一批新上來的人似乎比較溫順，沒有野心。但是青年將校間法西斯的氣候已經形成，從此軍人左右政局了。

二二六事件發生後，岡田啓介雖然未死，但也無意再做下去。內閣宣布總辭。元老西園寺公望又不能不僕僕征途到東京來，替天皇想一位堪當大任的首相。他已經是八十七歲的老人，行動艱難，但是爲了這樣一個難局，不能不竭忠盡智，完成任務。他首先想到的人選莫過於近衛文麿了。除他之外，幾乎沒有適當的人。

三月四日上午，老人請了近衛到宮內省自己下榻處，開門見山地說道：「您是陸軍、海軍、政界、財界各方面都不反對的人，請來收拾時局，無論如何請不要推辭。」老人從來沒有這樣低聲下氣求過人。因爲近衛是五代攝政家的後人，又與天皇有姻婭之親，做過貴族院的議長，是當代有名的文化人，所以對他特別客氣，不料竟碰了一個大釘子。近衛回覆以健康爲理由，推辭大命。事實上是因爲肅軍的原因。皇道派被逐，深怕這班人會報復。軍部的動向非常難測，隨時可能有變化，近衛膽小不敢受命。老人很少被人謝絕，一時無計可施。樞密院院長一木喜德郎恰巧在旁說道，岡田內閣裡的外相廣田弘毅很能幹。西園寺聽罷，馬上決定了廣田。

廣田弘毅意外組閣

廣田意外地做了首相，組織了內閣，但不能不聽命於軍部，將原先擬定的大臣名單重新改過，完全照軍部的意見，另外遴選了閣僚。廣田內閣事實上是一個軍部內閣。他恢復了海陸軍大臣及次官非現役不能做的制度，以防止文人及退役軍人投入政黨以後，不再聽軍部的調度。他又任用與軍部關係非常密切的馬場鍈一爲藏相，編列了一項十四億日圓軍事費用的預算，大量建造飛機、坦克、航空母艦、大戰艦等武器，並簽訂了日、德、義防共協定，名義是防止第三國際的滲透，實際上是覬覦蘇俄那一大片未開發的土地。對中國則提出了所謂的廣田三原則。內容約略如下：

中國政府須積極實行鞏固中日友誼。

中國承認滿洲國，實行中、日、滿合作。

中、日、滿共同防止共黨在中國之蔓延。

接到廣田三原則後，中國知道和平恐已無望。不過總希望遲一點爆發戰爭，愈遲對我們愈有利。蔣公發表了以下的名言：「苟國際演變不斷絕我國家生存民族復興之路……當為最大忍耐。復以不侵主權為限度，和平未到完全絕望時期，絕不放棄和平。犧牲未至最後關頭，亦絕不輕言犧牲。」說明了中國方面的態度。如果日本軍閥再進一步有侵略行動的話，我們祇有玉碎了。

百靈廟大捷

但是不覺悟的日本軍部嗜殺成性，繼續用武，想併吞我綏遠省。我不得已，祇好抵抗。日軍攻綏主力，自百靈廟進攻，被我軍擊退。其後綏東戰爭展開，我軍反擊，斬獲極夥。我軍乘勝追擊，一舉攻克百靈廟。這次的大捷，使得我民氣大增，舉國歡騰。指揮作戰的日本軍官田中，倉皇乘飛機逃離戰場，才得以身免。日本軍部受到重創之後，不敢輕侮了，戰爭得以稍歇。

日本國會反抗軍部

可是在日本國內議會裡卻沒有歇。馬場藏相的龐大預算，使得財界深感不安，當然會影響到政黨。政黨的議員免不了要追究原因。及至發現是軍部所要求的，軍部與政黨之間便發生了大衝突。昭和十二年（西曆一九三七年）年頭，在眾議院本會期間，政友會議員濱田國松質詢：「近年來軍部老是自誇把國政推進了，實際上是強化了政治獨裁，把軍部力量滔滔不絕地自我稱讚。」這番話不單政友會的同僚大家拍手叫好，連民政黨的議員也一起拍手。他說完之後，寺內陸相站起來答辯道：「濱田君所說的話，很顯然地侮辱了軍人。十分遺憾。」濱田於是馬上回說：「我哪裡有說侮辱軍人的話？請查速記紀錄，如果有的話，我剖腹相謝。要沒有的話，也請剖腹。」他這番話，又博得議會的滿堂喝采。但是沒有再進一步攻擊軍部。寺內卻藉此機會，要求解散議會，以懲罰政黨。不過政黨出身的閣僚都一致反對解散。因爲沒有名目，海相也反對，因爲他希望在本會期中能通過海軍預算。廣田首相沒有法子，祇好宣布休會兩天，希望兩天後有個轉變，結果這兩天白等了。軍部堅持非解散國會不可。於是迫得內閣總辭。

接到內閣總辭的消息，西園寺公望已是在病榻上。湯淺內大臣奉了天皇之命，到靜岡的坐漁莊，去探望西園寺的病，並問老人後繼首相該是誰。老人不能再介紹近衛，想了想，除了宇垣大將外，沒有人能壓得住軍人的氣焰。大命就這樣拜給了宇垣。宇垣剛從朝鮮總督解職歸國，十分興奮，馬上到東京想晉謁天皇。車行到半途，憲兵司令官中島來接，於是同乘一輛車陪同前行。在車中中島傳寺內陸相的話，勸宇垣不要接受大命，因爲少壯軍人不好駕馭，還是辭退的好。宇垣說道：「二二六事件不可能再發生。我不怕。」他參內後，拜受了組閣大命。

閣僚之中要選一位現任大將來當副相，成了難題。寺內首先表示難找，宇垣又去訪問杉山教育總監，杉山也說物色適當人選，恐怕很不容易。照往例是在三長官裡挑選。三長官者，陸相、參謀總長和教育總監。現在三者都不肯幹，也不肯介紹別人，宇垣祇能問他的好友小磯國昭大將。小磯這時已官拜朝鮮軍司令官，他答說祇要三長官能同意就行。這當然是推託之辭。宇垣沒有辦法，祇好請湯淺內大臣轉請天皇，命令軍部派人。湯淺怕得罪軍部，回說事無先例，他也不敢驚動宸聽。宇垣經過五長天，碰了他舊日好友的釘子，組閣不成，意興闌珊，祇好辭去了大命。

西園寺公望兩次在病榻前接見了湯淺內大臣。現在有資格任首相的人，祇剩下平沼騏一郎和林銑十郎大將兩人。當然還有近衛。但是近衛再三懇求不要舉薦他。老人不願違信，又不願舉薦一位他向來看不起的人平沼，祇剩下林銑十郎一人，不得已舉薦了他。不料林銑十郎是個不折不扣沒有骨氣的人，他組織了一個完全聽命於軍部的內閣，居然閣僚內一個政黨人物都不選。

議會恢復開會之後，林首相忽然感覺不對，認爲自己不是人民選出來的人物，不配掌政。他召集所有的閣僚說道：「這樣實在不像話。我是軍人，眞對不起大家，還是解散國會。再來看新國會的動向吧。哪位不同意的就請辭職。」閣僚聞言大驚，但祇好同意解散國會。新國會經選舉之後，大出各方意表，結果民政黨一百七十九議席，政友會一百七十五議席，而社會大眾黨一躍爲三十七議席。更糟的是，極左派日本無產黨也占有一席，這樣一來陸軍也不支持林內閣了。陸相杉山勸林總辭算了。於是五月三十一日，林內閣幹了三個多月，就結束了。

張學良實行兵諫

恰好半年前中國發生了一件大事。張學良自從他的老父張作霖被日本軍人炸死後，這不共戴天的讎恨始終在他心中縈懷。快十年了，此恨未報當然不免焦急。尤其他部下許多策士紛紛勸他聯共抗日，不由得他不心動。所以毅然決然乘蔣公檢閱他的部隊時實行兵諫。他那時年輕氣盛，做事莽撞，又偏聽了策士左傾的言論，鑄此大錯。幸而他能及時懸崖勒馬，遵從了陳誠的勸告，親送元首夫婦回京。這一鬧劇就這樣結束了。雖然是一場鬧劇，但是卻明白地昭告了世人，抗日的軍事行動必不可免了。

林內閣倒了之後，什麼人能來接替，成了問題。林辭後曾經說過，最好是近衛能來幹，否則就讓陸相杉山來好了。這話傳到西園寺耳朵裡，老人深以爲陸相來當首相很不好。既然近衛的健康已經好轉，自以近衛爲適當。近衛的好友後藤隆之助又從旁推轂，近衛終於組閣了。消息傳出後，舉國歡騰。不論是軍部、是政黨、是財界，沒有不表示歡迎的。

第二次中日戰爭

近衛內閣成立之後，大局似乎可以安定一些時候，不料反而出了一件絕頂嚴重的大事。日本軍部本來在北平附近駐有三千名軍隊，因爲準備侵略蘇共的關係，先將駐在華北的兵力秘密增強。原來三千名增爲五千，在各地都這樣不露痕跡地布置起來。而因爲看不起中國，所以沒有將增兵的緣故告知華方。又因爲增加的兵員無處駐屯，不得不找一塊空地建造兵營。於是發現盧溝橋附近有空地，非常適當，不理中國方面的抗議，就開始動工。中國方面不明白日方增兵的原因，又不能不防日方有越軌的行動，也在永定河旁築起工事。七月七日的夜裡，日本軍忽然以機關槍對我發射，我不得不還擊。就這樣由盧溝橋開始，中日八年大戰爆發了。

盧溝橋是個美麗的地方，清朝乾隆皇帝曾經題過一首詩，名《盧溝曉月》，刻在石橋邊。

七月裡正是風光明媚的時候，誰能相信會在這時開戰？

我方駐防的軍隊是二十九軍三十七師二一九團吉星文的一營。日軍隨即向我方開砲。於是愈打愈擴大。日軍向北平方面進攻，動員了將近六、七個師團。這時兩方的兵力如何呢？不能不約略地做一個比較。抗戰當初，日方有現役軍兵員：

陸軍　四百四十八萬一千人。

戰時可動員兵額二千七百八十餘萬人。裝備精良，配有大砲及坦克車。

海軍　居全世界第三位。另有世界最大旗艦太和號及武藏號，計二百餘萬噸。

空軍　飛機三千架，隨時可增加。

我方

陸軍　二百餘萬人

編制步兵一八二師，四十六獨立旅。

騎兵九個師，獨立旅六個。

砲兵四個旅，二十個獨立團。

配備每師官兵一萬零九百餘人，槍三千八百支。輕重機槍三百三十挺。迫擊砲四十六門。擲彈筒二百四十三個。

海軍　幾等於零。有舊艦艇六十六艘，其中噸位最大者三千噸。

空軍　各式飛機六百架，可供作戰之用的約二百架，餘爲教練機。

這樣一個對比，我們哪裡能有勝算。何況我們沒有工業可以做後盾，好像我們很快除了降伏之外，別無他法了。

日本參謀本部支那課的軍人估計道：「中國必然不堪一擊，馬上會屈服的。他們縱然想頑抗，我們最多也祇要派七個師團，一定可以席捲全國了。」

雖然我們武器、訓練、裝備都不如人，但是這口氣絕嚥不下去。軍民士氣高昂，尤其統帥蔣公非常堅定，決定抗戰到底，聲明中國雖不需要戰爭，但仍將自衛。

日軍占領北平之後，一路進犯。我軍誘敵深入，將一部分日軍膠著在山西省的山區，使其不能動彈。另一股日軍，以上海公共租界為根據地，向我江灣閘北方面進犯，於是淞滬大會戰開始。上海是有名的國際港口，日本要展示它的力量給洋人看，特地使用陸海空立體作戰方式，狹猛烈的砲火，大舉與我拚鬥。我軍奮勇迎擊，在沒有海空支援下，居然守了三個月之久。

洋人沒有不稱讚我軍的英勇和指摘日軍的凶暴的。在開戰的前夕，日本報紙狂妄地估計，我軍最多祇能抵抗皇軍的攻勢兩個星期。但事實上我們卻打了三個月。單是八百孤軍死守四行倉庫，就超過兩個星期的時間。

我軍雖然在淞滬之戰中浴血拚鬥三個月後不得已自動撤退，但這三個月中，我們政府與民間做了不少事。所有的工廠，包括賴以抗戰八年的兵工廠，都搬遷到大後方去了。日方的代價則是死傷六萬之眾。

南京大屠殺

民國二十六年十二月六日，日軍分四路進犯我首都南京。十三日南京失陷。日本人以爲我政府不能不屈服言和了。不料蔣公發表通電，聲明繼續抗戰。日本軍人弄得騎虎難下，無法就此罷休。於是凶心大發，竟學起三百年前的屠城辦法，大開殺戒，瘋狂向我市民及士兵，行德川時代流行的武士殺人特權，就是不論青紅皂白，祇要看不順眼，便拔出雪亮亮的純鋼長刀砍殺過去。我們南京市民被日本兵砍了頭顱的不知多少。嗜殺的日本軍人還不過癮。他們比賽誰的刀鋒銳利，拿中國人的胴體做試驗品，一刀揮去，能通過幾個活人，多的得勝。這是他們攻入南京後的遊戲。這樣慘遭殺戮的無辜南京市民，達十餘萬人。除此之外，還姦淫擄掠，極盡野蠻之能事，替日本歷史留下不可磨滅的污點。

蔣公在我軍退出都城南京之後，發表告國民書，號召全民抗戰到底。

日本近衛政府深怕陷入長期戰爭的泥淖中，特央請德國駐華大使陶德曼斡旋言和，條件如下：

一、承認滿洲國。

二、成立不設防地區。

三、成立特殊政權。

四、與反共集團合作。

五、日、滿、中三國締結經濟協定。

六、修改關稅稅則。

七、賠償日方損失。

蔣公對這樣的言和條件當然不能接受。日方無奈，祇好變通方法，宣稱不以國民政府爲交涉對手，開始利用我國的不肖政客，組織漢奸團體，加以承認，自欺欺人，同時繼續進犯。廣州及武漢都淪陷了。

張鼓峰事件

這時日本軍人的氣焰不可一世，完全忘形，自以爲天下無敵。在中國戰場的軍人節節勝利，引發了在滿洲邊境日軍的妒忌心。滿洲和蘇聯接壤的邊境地區，人煙稀少，國境的界線又不十分明確。日本占領滿洲之後，蘇聯爲防備日軍來犯，不得不增強自己的武力。日本看見蘇軍增強，也就不能不再加戰備。如此循環作用，在國境上顯得十分緊張。日軍向來看不起蘇聯，認爲是手下敗將。而蘇軍方面難忘日俄戰爭戰敗之恥，很想報復。兩方面敵愾心都很強。加之日軍妒忌心重，急於建功，不讓中國戰場的日軍專美。於是就在一九三八年即昭和十三年七月三十一日，日本第十九師團的師團長尾高龜藏中將，沒有得到天皇的裁可，竟獨斷地向張鼓峰的蘇軍開始攻擊。大規模的戰鬥就這樣展開。雙方拚命肉搏，死傷甚重。蘇軍初被襲擊，小挫後集中兵力，轉爲優勢，復利用威力較強的大砲和空軍，壓倒了日軍十九師團，幾乎使該師團全軍覆沒。不過蘇軍並不想將這次的衝突擴張爲大規模的戰爭，主張各回原來的國境。而日本這一方面，也因爲在中國戰場正打得吃緊，沒有工夫再顧到這邊，也命令就地解決。於是八月十一日就在莫斯科簽訂了停戰協定。

諾門罕之戰

這次日本沒有撈到便宜，反而吃了大虧。第十九師團潰不成軍了。

但是第十九師團是屬於朝鮮軍，與關東軍不同，還聽日本軍部的調度。所以命他不要再打，他就不敢不遵。但是關東軍就不同了。自從滿洲事變以來，關東軍養成了獨斷獨行的風格，完全不理軍部的決定。張鼓峰事件的第二年即一九三九年四月，關東軍越界，與外蒙軍遭遇，雙方立刻發生了戰鬥。地點是在諾門罕的大草原上。日軍想把外蒙軍驅逐掉，但是遇到了外蒙軍的頑強抵抗，反而受了很大損害，不能不撤退。外蒙軍再加上蘇聯軍，增添了新生力軍，好像事態愈來愈嚴重。關東軍的第二十三師團把這情形報告給總部。總部決定藉這機會把蘇聯軍徹底打垮。除了第二十三師團外，日本唯一的戰車團都調來加入戰鬥，並且增加了航空部隊。於是大戰開始。日軍先命一群飛機轟炸了湯姆斯克的航空基地，然後由二十三師團攻入外蒙，預備包圍外蒙和蘇聯的軍隊，不料反被蘇軍的大砲和戰車打得七零八落。正預備向北面撤退的時候，被正面打來的蘇聯戰車隊衝散。號稱關東軍之虎的坦克車隊，很多都被打垮。日本軍好不容易在哈爾哈北岸掘了壕溝，勉強維持了陣地。

吃了敗仗之後，關東軍還不肯認輸，要求日本軍部派重砲部隊增援。軍部雖然不願，但仍然派出了重砲部隊。於是關東軍就開始了總攻擊。蘇軍亦不示弱，雙方激烈砲戰，終成膠著狀態。這時歐洲局勢發生了突變。德、蘇之間有了默契。日本政府和軍部都還蒙在鼓裡。日方本來希望與德國夾擊蘇聯的，現在已成泡影了。而膠著的戰爭，由於雙方不斷地增援，已經節節升高。由於蘇軍的砲火強烈，日本第二十三師團差不多遭到全滅的打擊，軍旗兩面也被奪去。日本第一次嘗到大敗仗的教訓。幸而到了九月，歐戰爆發，兩國停戰，日本承認失敗。諾門罕大戰在糊裡糊塗中結束了。

經過這兩次教訓之後，日軍嘗到苦頭，知道蘇軍的厲害，絕非可以欺侮的阿斗。爲了表示對蘇從此不懷敵意起見，自動撤離了一部分軍力。日方這麼做，除了示好蘇聯之外，也因爲在華戰場上兵力消耗太大。可是這一舉動卻幫了蘇聯大忙，潛伏在日本德使館內的俄國間諜理查・索爾基得到日本御前會議的決議文說：「帝國政府在今年內絕不對蘇宣戰」，之後立刻電轉莫斯科，蘇聯政府得到情報後，便放大了膽，陸續從西伯利亞調回二十五萬遠東部隊，參加到莫斯科的保衛戰裡，從此戰況急轉，導致了德國的敗亡。

意志薄弱的汪精衛

這時中國的抗戰正在緊張階段。日軍攻勢凌厲，而且竭盡殘暴之能事。在戰爭中，一個日本記者將他親眼目睹的各種駭人聽聞的行爲，寫成一本小書，名《三光》。三光者，殺光、燒光、掠光之謂。著者名神吉晴夫，除了寫當時的情形之外，並附有照片幾幅。驚心動魄的寫眞，作爲日本軍人殘虐的佐證。一個從軍記者，居然憑自己的良心，將所聞所見眞實地記錄下來，公之於世，不能不說是一件難能可貴的事了。這時廣州武漢都已淪陷，全國在絕望中與日軍搏鬥。汪兆銘（精衛）不忍見人民塗炭，對抗戰復失去信心，認爲我方軍力不如人，響應日本首相近衛所發表的三原則，準備言和，秘密地於二十七年十二月八日離開重慶，抵達越南的首都河內，發表他停止抗戰、對日求和的主張。汪是個意志薄弱的人，又無遠見，本心未必想當漢奸，不過其後爲他追隨者所誤導，這班人一味地想謀取富貴，沒有替汪設想，以致汪身敗名裂，自毀革命勳業。

英、法兩國對德宣戰之後，德軍竟絲毫沒有一點動靜。英國與德國並非緊鄰，中間又隔海，絕無直接被攻擊之虞。法國則有固若金湯的馬其諾防線，以爲德軍絕無攻進的可能。半年以來，祇有零星小遭遇戰。兩國的領袖都以爲戰事必然打不下去，終會和平了事。不料德軍破壞了永久中立國協定，揮軍進入比利時及荷蘭兩小國，從背後攻占了馬其諾防線。在幾乎沒有任何防備之下，法國首都巴黎被占領了。法國祇有投降，由一位第一次世界大戰負盛名的老將軍貝當來當法國的傀儡總統。剩下來祇有英國還在抵抗。德國的元首希特勒採取雙重政策，來打擊英國的戰意，一方面用轟炸機狂炸倫敦市區，而另一方面密派納粹黨高級負責人以降落傘降落英土勸降。幸而這時英國新任首相邱吉爾堅持抗戰到底，不肯屈服，與蔣公的堅決態度完全相同。不過英國沒有英奸，也沒有像汪兆銘、周佛海之類的糊塗人物。

迴天一二九

日本軍人眼看著德國席捲歐陸諸國的情形，不勝豔羨。於是他們也不客氣，對法國舊領地越南開始進攻，占領了河內。這時已經是西曆一九四〇年的下半年了。中國對日抗戰已經經過艱苦的四個年頭。汪兆銘這時回到了南京。日本人深怕陷入泥淖太久，自我解嘲的認爲，對中國戰爭已經結束，允許汪在南京成立國民政府。在抗戰初期，許多稀奇古怪的預言在香港、廣州一帶流傳。其中最奇的是說日本侵華，推背圖裡老早有說：「一朝聽得金雞叫，大海沉沉日已過」。那時誰也沒有料到中日之戰能拖到雞年。而尤其不信這句莫名其妙的預言「迴天一二九」。但是說也奇怪，這年的十二月九號，太平洋戰爭爆發了。中國孤零零單獨抗戰四年之後，才有了與國，才有了迴天的希望。一二九是中國正式向日、德、義宣戰的日期。

日本在諾門罕吃了蘇聯大虧之後，知道蘇聯不可輕侮，暫時不想動北進的念頭，但在侵略中國大陸的時候，卻和美國在華的權益有了衝突。日本不斷受到美方的抗議。一九三九年，二次世界大戰前夕，日軍封鎖了天津英、法兩國的租界。乘日、英會談的機會，美國忽然通告，將日、美間通商航海條約廢棄。兩國的關係登時惡化起來。雖然以後經過外交交涉，但是沒有改善的跡象。

世界大戰爆發後，德軍的閃電式勝利所向無敵，使日本看得眼紅，朝野都掀起了一片南進熱。這種意向不由得美方不緊張。於是美國政府先禁止向日本輸出飛機用高精度的汽油和鐵屑。這當然更惡化了兩國的關係。一九四〇年的秋天，日本與德、義兩國訂了三國同盟。日本又出兵侵占了河內，顯示出它有無止境的野心。美方怎能不預爲防範。不得已祇好組織了一個ABCD集團和強化太平洋艦隊，好像開戰的形勢已經不可避免了。

日本負責與美方進行交涉的人是近衛內閣中的外相松岡洋右。松岡是個不知死活、好大喜功的粗線條人物。他的氣魄有時還勝過關東軍的軍人。他甚至於主張同時南、北進，又對蘇，又對英、美。他這種狂妄態度，並沒有獲得內閣閣員的贊同，尤其穩健的近衛更不贊同他的作爲，結果內閣因爲有松岡的不同主張，祇能總辭了。但是經過重臣們仔細考慮之後，大家認爲現時還是推舉近衛最爲妥當。於是大命再度降下，近衛不得不再組閣。不過這次新內閣的外相，不再是松岡，換了豐田貞次郎。

抗戰前途有了轉機

在迴天一二九以前，抗戰的前途似乎已經有了轉機，雖然那時我兵源缺乏，物資補給困難，但我軍仍能相機反攻，摧破敵人以華制華、以戰養戰的企圖。同時還改進役政，不再任意拉夫，並實施游擊戰術，隨時隨地打擊日軍。民國二十八年九月，第二次世界戰爭爆發。日軍乘機對我也發動新攻勢，成立對華派遣軍總司令部，以西尾壽造大將爲總司令，坂垣征四郎爲參謀長。坂垣是有名的所謂中國通，大舉向湖南長沙展開大規模的包圍戰。我軍苦戰之後，反將日軍包圍。日軍不支，突圍逃走，遺屍兩萬餘。長沙第一次會戰，日軍慘敗。

民國二十九年初，日本大本營決定，倘在一九四〇年不能結束戰爭，將自動撤兵，以免長期陷在泥淖中。在華日軍獲悉這一決定後大驚，不敢不加緊進攻，乃於二十九年（即西曆一九四〇年）五月開始猛力進犯我棗陽、宜昌。我名將張自忠奮戰不屈，壯烈成仁。但日軍亦傷亡慘重。嗣後在民國三十年內，日軍不斷發動攻勢，都被我軍防禦得法擊潰。日軍雖然未能得手，但軍人的氣焰還是不可一世。他們決定了南進政策，欺侮法國是德國手下的戰敗國，無力保護它的屬領越南，於是就不顧一切，揮軍進占河內，同時再度進犯我長沙，企圖打通粵漢路，以奠立南進的基礎，不料被我軍迎頭痛擊，狼狽敗走，遺屍八萬。是爲我第二次長沙大捷。這次的大捷影響很大，使得美、日談判中美方的態度非常堅強。近衛內閣受軍方壓迫，不得不因此而辭職，由陸相東條英機出組新內閣。

陸相東條英機組閣與偷襲珍珠港

東條繼任首相之後，瘋狂地進行南侵，先取得越南的西貢作爲南進的基地，然後繼續和美方商談有關全盤大局諸問題，還特地加派了一位老外交家前駐德大使來栖三郎，輔佐已經駐在華盛頓多年的野村大使。這不過是日本慣用的障眼法。其實軍方早就設計好了一套進攻方案。新內閣十月十八日成立。來栖大使十一月十五日抵達華府，參與交涉。交涉尚未達成協議，十二月八日拂曉，便發生了珍珠港突襲事件。突襲珍珠港的計畫，是海軍大將山本五十六想出來的。他覺得日本開戰的目的，不外乎攫奪南洋諸島的油田。油如果能自給自足的話，就不怕戰爭拖長。不過南洋諸島離日本本島太遠，所以非先將美國在遠東的艦隊摧毀不可。最有利的方法，是利用不宣而戰，偷襲取勝。他這個計畫被採用了。野村和來栖兩大使遞交給美國務卿柯戴兒・赫爾的最後通牒，比開始攻擊的時間晚了五十五分鐘，所以以後就判定日本沒有根據國際法宣戰通知的規定，是一種卑劣行爲。

偷襲珍珠港，日本第一批用了一百八十五架飛機。第二批一百七十一架飛機，由航空母艦起飛，總共擊毀了美方戰艦八艘，其他船隻一共九十四艘，飛機三百餘架。美方兵員戰死的兩千四百零三人，而日方的損失僅飛機二十架，極小型潛水艇五隻，和搭乘員五十五人。日本朝野對這次的大捷興奮得不得了，認爲勝利已經在望。雖然偷襲是很不名譽的事，但獲得這樣大的戰果，卻是意外。山本五十六大將登時成爲舉國皆知的大英雄。不過英國首相邱吉爾獲得日本偷襲珍珠港的消息後，卻拍手大叫，說道：「我們勝利了！」

珍珠港偷襲事件發生後兩天，日本要對付英國的東洋艦隊。英國爲了防備日本，特地派了東洋艦隊的旗艦皇子號、巡洋艦反擊號和另外三艘驅逐艦急馳新加坡軍港，預備和日本在海上見個高下。哪知日本竟沒有利用它的海軍，而和偷襲珍珠港時一樣，派了大批的飛機，從上空攻擊。於是那三萬五千噸號稱不沉艦的皇子號挨了七枚魚雷，五百公斤的大炸彈三個，剛好擊中火藥庫，發生大爆炸，三十分鐘就沉沒了。反擊號挨了十四枚魚雷，也沉沒了。這次海空戰祇花了兩個多鐘頭，英國東洋艦隊竟然全垮，從此太平洋地區便任由日本蹂躪了。一九四三年正月日軍占領了馬尼拉，二月占領了新加坡，三月占領了爪哇、緬甸、新幾內亞，飛機轟炸了澳洲的達汶市。那時日本軍人正夢想和希特勒共分世界。

三度長沙大捷

一直孤軍奮鬥的我軍，這時有了友軍，士氣登時壯盛了起來。蔣公在這一天正式向日本宣戰，雖然那時聯軍應允給我們的補給品尚無到來的消息，全軍鬥志已經十分昂揚。日軍滿以爲我國會被他們在太平洋上的聲威所懾服，發動了第三度進犯長沙的攻勢，集合了十二萬兵力，強渡新牆河，直抵長沙郊外，繼續猛攻。敵機數十架低飛參加地面戰鬥，戰況極爲慘烈。我軍由於增援部隊源源而來，居然反守爲攻，復有新到的盟軍武器相佐，所向無敵，將攻城戰中已遭受慘重損失的日軍包圍了起來。日軍祇能設法突圍逃走，又遇到大雨滂沱，道路泥濘不堪，行軍極爲困難，輕重大砲都搬運不動，人困馬乏，死傷狼藉。我軍乘勢沿途攔擊，殲滅日軍達數萬人。這時日軍在其他地區，沒有一處遇到敵手。無論是婆羅洲、吉隆坡、緬甸、泰國、香港的守軍，祇要看見日軍到來，就是一片降幡。唯獨在中國戰場上日軍吃了大敗仗。三次長沙大捷，使我國國際地位急遽地增長起來。

一九四二年元旦，聯合國二十六國一致宣言對日、德、義軸心國家作戰到底，絕不單獨媾和。第二天大家又推舉我蔣公爲聯軍在中國戰區的最高統帥。蔣公爲了加強我兵力，由黨部號召成立了青年軍。當時的口號非常響亮：「十萬青年十萬軍。」就是這十萬青年的青年軍，打退了在南洋各地百戰百勝的日寇，一直追奔逐北，到了蠻荒之地，在緬甸又與日軍做了艱苦之極的殊死戰。

山本五十六之死

一九四三年是一個轉捩點。軸心國家開始衰敗。首先是義大利的魔王墨索里尼戰敗被俘。他是被他手下巴多里奧元帥所出賣。德國屢攻史達林格勒不下，蘇軍反將德軍包圍。日本則是因爲破密的技術不如美國，以致戰略名家海軍大將山本五十六的行蹤被美方偵悉，他座機的行程完全曝光，因而被擊落。事後據美方特工人員對我方人員述說當時的情形是，他們接獲日方發出的一封急密電，經破密後，知道有一要員要飛來，並命令駐軍於該員到時，排列儀仗隊恭迎。美方雖不知該要員是何等人，但總以擊落爲是。不料擊落的竟是赫赫有名的山本五十六本人的座機。到第二天日本報紙刊登了山本殉難的噩耗，美方才恍然知道在無意中建了大功。

日本全國震驚，喪失了一位最可能扭轉頹勢的能將，無限悲痛之外，也再無鬥志了。從此軸心國每下愈況，一蹶不振。

而聯合國這一方面則節節勝利。蔣公參加了開羅會議。美、英、法等國撤銷了治外法權。我們一百多年所受的桎梏終於解除，同時我們的青年軍在各戰場，尤其是在緬甸的戰績輝煌，博得了全世界的讚譽。

一九四四年軸心國做垂死前的掙扎。好像日本敗得最慘。空軍神風隊以人機俱亡的自殺行爲，企圖挽救失敗的命運。硫黃島的守備隊全體殉難。沖繩的婦孺跳海。這些是一連串的慘劇。

一九四五年八月六日廣島挨了美軍的原子彈。全市的人死了大半。八月九日長崎又挨了美軍的原子彈。人雖然死了很多，但是一剎那間沒有任何痛苦。比起南京民眾的被屠殺，不知要仁慈幾倍。那時日本有和平派與主戰派兩派在對立，主戰派預備頑抗到底。十五歲到六十歲的男人和十七歲到四十歲的女人都要編入國民義勇戰鬥隊，食糧不足，就將老幼病弱不能作戰者全部殺掉。這就是他們所謂的玉碎主張。到了八月九日，一向保持友好態度的蘇聯，忽然也打落水狗，正式對日宣戰。號稱無敵的日本關東軍，竟有如喪家之犬，棄械投降。在此情形下，和平派占了上風，請天皇下詔無條件投降，應了推背圖上的預言：「一朝聽得金雞叫，大海沉沉日已過。」

日本自古不像是個凶蠻民族。中古時期，毋寧要算是一個文風很盛的國家。到戰國時期，才崇尚武士道。德川朝偃武修文，儒學盛行，講究捨己爲人的仁義行誼，到近世卻養成一批嗜殺的軍人，闖下了幾乎亡國滅種的大禍。但是日本人民吃了軍人的大虧，卻並無清算他們的意思，反而遮掩他們的罪行，把責任推給美國的原子彈。不過倘若沒有原子彈及時落下，瘋狂的主戰派可能會占上風，一旦實行了玉碎，則日本的前途會更慘。這也可以證明日本人是如何地「愛國」。

日本人溺愛了半世紀的狂妄軍人，反而毀壞了他們辛苦培育成長的美輪美奐的民主政黨政體，但宛如慈母對身邊溺愛的不肖子弟，明知溺愛會賈禍，往往還是會溺愛下去的。

日本史話——近代篇

2021年2月三版　　定價：新臺幣290元

著者　汪公紀
校對　呂佳真
封面設計　翁國鈞

出版者　聯經出版事業股份有限公司
地址　新北市汐止區大同路一段369號1樓
叢書主編電話　(02)86925588轉5305
台北聯經書房　台北市新生南路三段94號
電話　(02)23620308
台中分公司　台中市北區崇德路一段198號
暨門市電話　(04)22312023
台中電子信箱　e-mail：linking2@ms42.hinet.net
郵政劃撥帳戶第0100559-3號
郵撥電話　(02)23620308
印刷者　世和印製企業有限公司
總經銷　聯合發行股份有限公司
發行所　新北市新店區寶橋路235巷6弄6號2F
電話　(02)29178022

副總編輯　陳逸華
總編輯　涂豐恩
總經理　陳芝宇
社長　羅國俊
發行人　林載爵

行政院新聞局出版事業登記證局版臺業字第0130號

本書如有缺頁，破損，倒裝請寄回台北聯經書房更換。　ISBN 978-957-08-5710-8 (平裝)
聯經網址 http://www.linkingbooks.com.tw
電子信箱 e-mail:linking@udngroup.com

國家圖書館出版品預行編目資料

日本史話・近代篇 / 汪公紀著．三版．新北市．
聯經．2021.02．240面．14.8×21公分．
ISBN 978-957-08-5710-8（平裝）
[2021年2月三版]

1.現代史 2.日本

731.27 110001529